PENSÉES DE QUESNEL.

IMPRIMERIE DE FÉLIX LOCQUIN,
16, rue N.-D. des Victoires.

PENSÉES DE QUESNEL,

LETTRES

ET

Fragments de ses Écrits de Piété.

PARIS,

CHEZ L.-R. DELAY, LIBRAIRE,

RUE BASSE-DU-REMPART, Nº 62.

1842.

Les Pensées de Quesnel qu'on a re-
cueillies dans ce volume sont tirées,
pour la plupart, de ses *Réflexions
morales sur le Nouveau-Testament,*
et de quelques autres ouvrages qu'il
avait rédigés sur le même plan.

Les Lettres de Quesnel ont été pu-
bliées après sa mort, de 1721 à 1723,
au nombre de deux cent quatre-vingt-
trois`, en 3 volumes in-12 ; depuis
cette époque, elles n'ont jamais été
réimprimées. Plusieurs cependant,
comme on le verra, méritaient d'être
conservées.

Tous les écrits de piété de Quesnel

ont été examinés avec soin ; on en a détaché quelques fragments.

L'édification étant le seul dessein de ce recueil, on a dû n'y admettre que ce qui pouvait le plus directement concourir à ce but.

TABLE.

—

PENSÉES.

Plût à Dieu que chacun remplît aussi fidèlement la signification de son nom de chrétien, que Jésus-Christ remplit celle du nom de Sauveur !

—

C'est assez à celui qui aime Dieu de connaître sa volonté pour la faire, sans en connaître les raisons.

—

La tristesse selon Dieu vient de la douleur d'avoir perdu son Dieu ; la tristesse du siècle vient de la douleur d'avoir perdu les biens du siècle.

—

On ouvre le cœur des autres quand on ouvre le sien.

—

L'obéissance et la simplicité des vrais

chrétiens les empêchent quelquefois de voir le péril qu'ils courent en suivant la voix de Dieu; mais il veille pour eux; il protége ceux qui ne songent qu'à faire leur devoir, sans s'embarrasser des suites.

———

Ce qui conduit les uns à Dieu, ne fait rien sur le cœur de ceux qui ont l'esprit du monde.

———

Heureux le pays, mais plus heureux le cœur en qui naît Jésus-Christ! Une seule ville a eu cet avantage; mais toutes les âmes le peuvent avoir.

———

Toutes nos lumières doivent tendre à Jésus-Christ et s'arrêter à Jésus-Christ. Toutes celles qui ne peuvent pas servir à nous faire arriver à son royaume ne sont que vanité.

———

Nous ne retournerons jamais au ciel que par un autre chemin que celui qui nous en a éloignés. C'est la plus grande de toutes les illusions que de prétendre se convertir sans changer de vie, et aller au ciel par le chemin qui nous menait en enfer.

—

L'obéissance aveugle est due à Dieu, parce qu'il est Dieu, et qu'il ne peut ni tromper ni être trompé.

—

C'est Dieu qui nous arrête quand des difficultés invincibles semblent nous arrêter.

—

On fait toujours la volonté de Dieu quand on se met en état de la faire. Il en donne les moyens quand même il paraît les ôter.

—

Le monde est plus à craindre quand il flatte que quand il persécute. Il donne la vie quand il croit l'ôter.

—

Les disgrâces du monde renferment de grandes grâces pour qui sait les connaître et les ménager.

—

C'est pleurer le salut des enfants que de pleurer leur mort.

—

La malice et la puissance des hommes durent aussi peu que leur vie. Dieu seul, tout-puissant et éternel, est terrible dans sa colère.

—

Attendre dans la paix du cœur que les hommes ou leur colère passent, c'est un puissant moyen d'éviter celle qui ne passe point.

—

Nul fruit n'est digne de Dieu qui est charité, que le fruit de la charité.

—

La Providence se sert de tout et n'est attachée à rien.

—

On demande souvent d'être délivré d'un mal, et c'est par là même que Dieu nous veut faire miséricorde.

—

Le démon n'élève que pour précipiter.

—

Le démon inspire souvent aux âmes une fausse confiance en Dieu, afin de leur faire perdre la véritable.

Rien n'est plus commun que de tenter Dieu, et c'est parce que c'est un péché fort commun qu'on ne s'en aperçoit pas.

—

Le démon promet ce qui n'est pas à lui.

—

Adorer, ce n'est pas dire : Je vous adore ; mais c'est être vraiment soumis à Dieu, et du fond du cœur, préférer sa volonté à toutes choses, ne vivre et n'agir que pour lui, n'estimer rien que lui ou que par rapport à lui.

—

Il n'y a que le cœur pénitent qui puisse faire pénitence, et ce cœur est un don de Dieu.

—

Il y a un temps de jeter en mer les filets, c'est-à-dire de travailler au salut des autres; et un temps de les raccommoder, c'est-à-dire de se préparer au travail, et de réparer par la prière et la retraite la dissipation et les autres défauts.

—

Quand nous ouvrons le Nouveau-Testament, c'est la bouche de Jésus-Christ qui s'ouvre pour nous.

—

Dieu ne se laisse pas vaincre en générosité : il donne tout pour tout, ou plutôt tout pour rien, le ciel pour la terre, lui-même pour nous-mêmes.

—

Tout le monde fuit les larmes et cherche la joie; et toutefois la vraie joie ne peut être que le fruit des larmes.

—

Que sert à un chrétien d'être lumière par sa foi et par son état, s'il n'est que ténèbres par sa vie et par ses œuvres?

—

Un chrétien n'a point d'ennemis; il n'a que des frères, regardant tous les hommes comme les enfants de Dieu et comme les membres de Jésus-Christ, ou comme le pouvant devenir.

—

L'arrêt de condamnation des vindicatifs est écrit avec autant de rayons du soleil, de gouttes de pluie, et d'autres biens naturels, qu'il y en a dont Dieu donne l'usage à ses ennemis.

—

Dieu n'a d'ennemi que le péché; nous n'en devons point avoir d'autres.

—

C'est commettre envers Dieu une espèce de stellionat, que de vouloir lui vendre ce qu'on a déjà vendu à la vanité.

—

Quel avantage de servir un prince qui met les prières au nombre des services, et qui tient compte à ses sujets de la confiance qu'ils ont de lui tout demander.

—

La prière demande plus de cœur que de langue; plus de gémissements que de paroles, plus de foi que de raisonnement.

—

La confiance doit venir de ce que Dieu peut faire en nous, et non de ce que nous pouvons dire à Dieu.

—

(*Sur l'oraison dominicale.*) Un roi qui

dresse lui-même la requête qu'il trouve bon qu'on lui présente, a bien envie d'accorder ce qu'on lui demande.

—

Dieu veut qu'on dépende de lui. Il ne donne ni au corps toute la nourriture, ni à l'âme toute la grâce qui lui est nécessaire, afin de nous obliger à prier.

—

L'œil simple, c'est l'unité de la fin. L'œil n'est pas simple quand il voit les objets doubles; le cœur ne l'est pas, quand il ne cherche pas uniquement Dieu et sa justice; qu'il a pour fin autre chose que sa gloire et sa volonté; qu'il prétend unir Dieu et le monde; être serviteur de Jésus-Christ et plaire aux hommes; allier l'Evangile avec la cupidité des faux biens.

—

Le maître de notre cœur, c'est l'amour qui y domine; on n'est esclave que de ce qu'on aime le plus.

—

Heureux qui n'a de cœur que pour Dieu, et qui n'a que Dieu dans son cœur!

On n'a jamais vu sur la terre un père nourrir ses oiseaux et abandonner ses enfants : et on craindra cela du Père céleste !

—

On est riche quand on a de la foi ; elle supplée à tout.

—

Les pauvres ne sont vraiment pauvres que quand la foi leur manque.

—

L'avenir est du ressort de Dieu seul ; c'est donc entreprendre sur ses droits que de vouloir prévoir tout ce qui nous peut arriver, et nous mettre à couvert de tout par nos soins.

—

L'avenir que Dieu veut que nous prévoyions, c'est celui de son jugement et de l'éternité ; et c'est celui-là seul que nous ne voulons point prévoir.

—

Le moyen de n'être jamais refusé, c'est de ne vouloir jamais rien que la volonté de Dieu.

—

Vivre comme la plupart des hommes vivent, ce n'est pas prendre le chemin de la vie.

———

On n'a point l'Esprit de Dieu quand on ne fait que les œuvres de la chair.

———

L'éloquence de la prière, c'est d'exposer simplement son besoin à Dieu.

———

Rien ne retarde plus notre guérison que notre présomption.

———

L'humilité est en même temps et la mère et la fille de la foi.

———

Il ne suffit pas que les désirs soient bons, il faut qu'ils soient réglés.

———

Grande tempête, grand calme : Dieu proportionne la consolation à l'affliction.

———

L'humble ne jette les yeux sur la vie du prochain que pour imiter le bien qu'il y voit.

———

Il faut que le monde sorte du cœur, si l'on veut que Jésus-Christ y entre.

—

Que sert de n'avoir point d'or dans sa bourse, si on l'a dans son cœur?

—

Quelle injustice à un chrétien de vouloir être bien traité du monde, étant disciple de Jésus-Christ !

—

Ce qu'on sacrifie à Dieu n'est jamais perdu, puisqu'on le retrouve en Dieu.

—

Il y en a à qui tout sert pour aller à Dieu, d'autres à qui rien ne suffit.

—

Dans les écoles du monde les uns étudient en philosophie, les autres en médecine, en droit, etc. Dans l'école de Jésus-Christ tout le monde doit étudier en douceur et en humilité. C'est à quoi se réduit toute sa science.

—

La grandeur de Dieu va jusqu'à avoir un Homme-Dieu pour serviteur.

—

Jésus-Christ est le serviteur de Dieu par excellence, étant seul digne de le servir.

—

Plus la vérité s'acquiert de disciples, plus elle se fait d'ennemis.

—

La charité a son aiguillon; mais il ne pique et ne perce que pour guérir.

—

C'est faire tort à la vérité que de s'assujettir aux caprices de ses ennemis pour la manière de la prouver.

—

Le propre des incrédules est de s'imaginer qu'un miracle fait exprès pour eux changerait leur cœur.

—

La vérité se cache dans les paraboles de l'Ecriture, non pour ne se pas laisser trouver, mais pour se faire chercher.

—

L'homme veut toujours savoir le *pourquoi* et le *comment* de la conduite de Dieu.

—

L'usage de la grâce attire la grâce.

—

Un don de Dieu nous prépare à un autre.

—

L'aveuglement est une peine du péché et la source de beaucoup d'autres.

—

Dieu fait connaître ses jugements pour les faire éviter ; mais cette connaissance devient un sujet de condamnation, si on n'en profite.

—

On veille avec soin pour ne pas perdre la semence de sa terre ; on ne compte pour rien de perdre celle de son âme.

—

Quand les justes commencent à profiter, ils commencent à éprouver la malice des impies.

—

Les occasions ne font pas les hommes méchants, mais ils les font connaître pour ce qu'ils sont.

—

Notre devoir est de tendre à nous abaisser; c'est à Dieu de nous faire croître et de nous élever.

—

Il ne faut point regarder ceux qui nous enseignent les vérités, mais les vérités qu'ils nous enseignent.

—

Depuis le péché jusqu'à la résurrection la voie de Dieu à l'homme et de l'homme à Dieu, c'est l'humilité de l'Homme-Dieu.

—

La foi semble mettre la toute-puissance de Dieu dans la main de l'homme; l'infidélité semble lier les mains au Tout-Puissant.

—

On ne fait guère de fruit ordinairement parmi ses parents, parce que l'on a peine à regarder des yeux de la foi ceux qu'on est accoutumé de voir des yeux de la chair.

—

Le pécheur endurci a toujours son péché pour bourreau.

—

Quand il n'y a qu'un motif humain qui combat le péché en nous, on ne se défend pas longtemps.

—

La foi est le fondement de tout l'édifice chrétien ; mais le fondement, aussi bien que l'édifice, est l'ouvrage de Dieu.

—

Dieu seul donne sans recevoir. Jésus-Christ même rend grâces à son Père, parce que la nature humaine, même dans le Fils unique de Dieu, n'a rien qu'elle n'ait reçu.

—

L'homme est trop curieux pour les choses naturelles, et trop peu zélé pour les surnaturelles.

—

Dieu méprise et abandonne les âmes doubles, comme il prend plaisir à instruire les simples.

—

Quelle est la misère de l'homme, qui sent le besoin du corps toujours plutôt que celui de l'âme!

—

Jésus ne loue guère que la foi entre les vertus, et en blâme souvent la faiblesse, parce qu'une foi vive attire tout le reste, et que rien ne la peut suppléer.

—

Jésus-Christ prenant le nom simple et humiliant de Fils de l'homme confond la vanité des hommes enflés de leurs qualités.

—

La vérité est une : l'erreur se multiplie à l'infini.

—

Jésus-Christ est le Fils du Dieu vivant; les chrétiens, engendrés sur la croix, sont les enfants d'un Dieu mourant.

—

Il a fallu que Jésus-Christ se soit sacrifié pour la vérité, avant que les hommes pussent s'exposer à être sacrifiés pour elle.

—

La mort de Jésus-Christ est un sujet de scandale sans la foi de sa divinité.

—

On est à charge à soi-même quand on est plein de soi-même et vide de Dieu.

—

Tous les prédicateurs de la pénitence sont les précurseurs de Jésus-Christ.

—

Que sera-ce de l'homme qui tombera entre les mains du Dieu vivant, si un Dieu souffre tant en tombant entre les mains des hommes mortels !

—

La liberté et la servitude s'allient fort bien dans le chrétien : libre de toutes les choses présentes par la foi, esclave de toute créature par la charité.

—

Où est la charité, là est Jésus-Christ. Où est la division, le diable y est.

—

La charité est une dette éternelle et sans bornes.

—

On condamne ordinairement les passions d'autrui par d'autres passions ou contraires ou semblables.

—

Le démon sait bien que quand on a une fois le goût de la prière, et qu'on s'y applique avec assiduité, on a sujet de tout espérer : c'est pourquoi il en détourne tant qu'il peut.

—

Dieu attend notre consentement ; mais il le forme lui-même en nous.

—

Il n'y a que les aveugles qui demandent la vue du corps; mais il faut être déjà éclairé pour demander la lumière de l'âme.

—

Notre âme n'est point à nous.

—

Les gens du monde périssent souvent au milieu de toutes sortes de bons exemples.

—

La dureté du cœur résiste à la lumière de l'esprit.

—

Le démon amuse les hommes par des soins proportionnés à leurs inclinations.

—

Gardons-nous bien de vouloir juger de Dieu, de ses desseins, de ses œuvres, par la seule raison; c'est le dégrader de l'infinité de son être et de l'incompréhensibilité de sa grandeur.

—

C'est une grande témérité de prétendre mesurer la raison éternelle et infinie du Créateur sur la raison faible et corrompue de la créature.

—

Toutes les alliances et les unions de la terre sont des marques et des effets de l'indigence de l'homme et de sa mortalité.

—

Quand l'homme sera rentré dans l'éternité de Dieu, et que tous ses désirs seront rassasiés, tous ses besoins remplis, sa mortalité absorbée par la gloire, toutes les sociétés et les unions se perdront dans l'union et la société avec Dieu.

—

Les plus grands péchés sont ceux qui se font contre l'amour de Dieu, puisque c'est le premier et le plus grand commandement.

———

Toute élévation est dangereuse, parce que rien n'est si nécessaire et si rare que l'humilité.

———

Plût à Dieu que l'on ne pût jamais regarder les créatures sans considérer le rapport qu'elles ont au Créateur !

———

L'obéissance à la loi doit couler de source, et cette source est la charité.

———

Dieu laisse l'extérieur aux hommes : le fond du cœur est son partage.

———

On a beau condamner de bouche la conduite des impies : c'est l'approuver que de l'imiter.

———

On loue sans peine les gens de bien des siècles passés, et on condamne leurs persécuteurs; mais pour un petit intérêt on prend parti sans scrupule pour le monde présent contre les saints d'aujourd'hui.

—

Avant le péché on doit craindre qu'il ne soit le comble; après le péché, se confier qu'il ne l'est pas et en faire pénitence.

—

Il y a dans la vie d'un impie une chaîne de péchés qui tiennent les uns aux autres depuis le commencement jusqu'à la fin, et qui forment tous ensemble sa réprobation.

—

Le peuple juif, abandonné jusqu'à la fin du monde à la justice de Dieu, est un terrible exemple de la punition du péché.

—

Ce n'est rien d'être haï de tout le monde, pourvu qu'on soit aimé de Dieu.

—

C'est principalement par la prière que le chrétien fait ses provisions.

—

Tel croit sans peine un homme sur sa parole qui ne veut pas croire Dieu sur la sienne.

—

Chacun a sa voie pour se sauver, et chacun se perd en corrompant sa voie en sa manière.

—

On n'est point surpris, quand le cœur est à Dieu.

—

Dieu attend longtemps; mais ce longtemps ne peut aller plus loin que la vie qui est bien courte.

—

La vanité est un voleur du plus précieux des biens de Dieu, qui est sa gloire.

—

Plus on se veut excuser devant Dieu, plus on se condamne.

—

Il y a une espèce de confiscation de grâces au tribunal de Dieu.

—

Qui de nous ne courrait aux prisons et aux

hôpitaux, si un apôtre assurait que Jésus-Christ y est et a besoin de nous ? Jésus-Christ le dit lui-même, et nous faisons la sourde oreille.

—

L'éternité de la peine des damnés vient de la dignité infinie du Dieu offensé; l'éternité de la récompense des élus, de la bonté infinie de celui qui les couronne.

—

Les desseins des hommes, quoique contraires à ceux de Jésus-Christ dans leurs intentions, en sont pourtant les moyens par sa souveraine sagesse.

—

Toutes les hérésies et tous les schismes naissent des passions des hommes.

—

Quand on espère quelque chose du monde, il faut tout appréhender de soi-même.

—

On ne laisse guère un crime imparfait.

—

On tient ordinairement parole au monde

aux dépens de tout. Que nous a donc fait Dieu pour être le seul à qui nous en manquions?

—

Le propre des justes est de craindre que le péché ne soit caché dans leur cœur, sans qu'ils le connaissent.

—

Il y a une tristesse de prévoyance, comme il y en a une de pénitence.

—

Croyons plutôt ce que Dieu nous dit de nous dans l'Ecriture que ce que nous sentons nous-mêmes en nous.

—

Les forces de l'orgueil sont des forces d'un moment.

—

La vanité ne sert qu'à nous cacher ce que nous sommes et ce que nous ne sommes pas.

—

En quelle posture se doit mettre un pécheur devant Dieu, quand il voit Jésus-Christ

prosterné devant son Père, pour expier l'élévation de notre orgueil !

—

Apprenons à parler peu dans la prière et
à nous y humilier beaucoup.

—

Plus on tombe de haut, moins il y a de ressource.

—

Tel qu'est le cœur, telle est la langue.

—

Un engagement d'honneur ou de parole
peut soutenir quelque temps l'attachement
qu'on doit au devoir ; il n'y a que la grâce qui
fasse persévérer jusqu'à la fin.

—

Il n'y aurait point de martyrs s'il n'y avait
rien à souffrir des hommes.

—

Le premier article de notre foi est de croire
en un *Dieu Père* tout-puissant. Qui est bien
établi et enraciné dans cette vérité jouit d'un
parfait repos au milieu des plus puissants
ennemis.

On persécute quelquefois la vérité par politique, quelquefois par engagement, par complaisance, par surprise, par ignorance; mais le plus implacable de ses ennemis, c'est l'envie, et l'envie des ecclésiastiques.

—

Chaque chrétien est un Barrabas délivré de la mort par celle de Jésus-Christ.

—

Les grâces extraordinaires doivent donner de la crainte et de la joie en même temps.

—

Connaître ce que Dieu veut de nous est un commencement de grâce.

—

C'est un grand bonheur que d'avoir peu de choses à quitter : les grands biens sont d'ordinaire de grands empêchements au salut, ou au moins à la perfection.

—

On ne peut être vraiment savant de la science du salut, si on n'est homme de bien.

—

Inconcevable illusion du pécheur, de se cacher aux hommes pour pécher, et de ne pas craindre les yeux de Celui qui voit le secret des cœurs !

—

La grâce peut tout réparer en un moment, parce que ce n'est autre chose que la volonté toute-puissante de Dieu qui commande, et qui fait ce qu'il commande.

—

C'est une tentation à des commençants de vouloir suivre en tout les parfaits. Le démon cherche ou à les dégoûter ou à les enfler.

—

L'amour nous donnera tout, et l'humilité le conservera.

—

Le moyen d'éviter les chutes est de craindre sa propre faiblesse et de n'aller pas trop vite.

—

La vérité est un dépôt, et nous sommes des dépositaires de toutes celles qui nous sont annoncées.

—

Le monde est plein de gens dont le cœur paraît ouvert à tout bien et fermé à tout péché ; mais étant aussi ouvert aux choses du monde, il s'en remplit et se perd.

—

Le diable se console, pourvu qu'il puisse conserver quelque intelligence avec un cœur d'où on l'a chassé.

—

La guérison de l'aveuglement n'est que commencée sur la terre ; car notre esprit a des ténèbres qui ne seront dissipées que dans le ciel.

—

Tel n'est pas surpris du jour, qui est surpris de l'heure, tant il est rare de veiller jusqu'au bout.

—

Un homme abandonné à sa faiblesse dans un temps et fortifié de la grâce de Jésus-Christ dans un autre, n'est plus le même homme : il ne pouvait rien, et il peut tout.

—

Interrogeons notre cœur avant que d'in-

terroger la vérité , afin de connaître s'il est
en état de l'écouter et de profiter de ses réponses.

—

C'est une fort mauvaise disposition pour
croire, que de vouloir voir.

—

Jésus n'a été abandonné de son Père, que
parce que le pécheur méritait de l'être , et
afin qu'il ne le fût pas.

—

Dieu sait trouver des hommes pour ses
œuvres, quand il a dessein de les y employer.

—

Rien n'est véritablement grand que ce qui
l'est devant Dieu.

—

C'est une grâce d'être exercé, c'en est une
d'être délivré; chacune a son temps.

—

On parle tout autrement de Dieu, quand
on a été longtemps sans parler aux hommes
et sans les entendre parler.

Le diable, la mort et le péché sont les ennemis que Jésus-Christ est venu vaincre. Le péché est le plus dangereux de tous, et proprement le seul ennemi que nous ayons à craindre. Le diable est hors de nous, la mort n'est que dans notre chair : le péché est dans notre volonté, et c'est pour l'y détruire qu'un Sauveur tout-puissant nous est nécessaire.

—

La vertu des mystères de Jésus-Christ s'étend jusque dans tous les siècles passés, et c'est dans l'incarnation qu'Abraham et les autres Pères reçoivent la miséricorde et l'alliance qui leur avaient été promises, et le salut éternel.

—

On se trompe quand on s'imagine qu'on doit produire et employer ses talents sans délai, et qu'on ne peut les cacher sans violer l'ordre de Dieu. C'est, au contraire, le violer que de n'attendre pas ses moments et de se faire une vocation du seul besoin du prochain.

—

L'orgueil est le caractère des enfants d'A-
dam ; l'humilité , la marque du Fils de Dieu
et des élus.

———

Dieu promet la paix sur la terre à ceux
qu'il aime, mais non pas le repos.

———

La paix de Dieu consiste dans son amour,
à quelque trouble et à quelques tempêtes que
cet amour expose le chrétien.

———

Toute la différence entre un bon juif et un
bon chrétien , c'est que celui-là attendait le
premier avénement de Jésus-Christ dans l'infirmité de la chair mortelle, et celui-ci attend
le second dans la majesté de la gloire immortelle. Jésus-Christ, dans l'un et dans l'autre,
est vraiment la consolation d'Israël, du vrai
Israélite qui n'est point de ce monde.

———

Les vérités que les saints connaissent déjà
leur sont toujours nouvelles, et ils y trouvent toujours quelque nouveau sujet d'adorer
Dieu.

Dieu mêle ordinairement quelque amertume dans les plus grandes joies des saints.

—

Dieu permet que par une bonne intention, mais non assez éclairée, des âmes le cherchent quelquefois où il ne le faut pas chercher, afin que l'on soit plus persuadé qu'on ne le saurait chercher utilement que par sa lumière et par sa grâce.

—

On doit plus prêcher la pénitence qu'autre chose : c'est le fondement de la piété chrétienne.

—

Voit-on bien des gens faire tout ce qu'ils peuvent pour se mal porter, et ne vouloir rien faire pour se guérir? C'est une folie que l'amour de la santé et de la vie rend fort rare à l'égard du corps; mais rien de plus commun à l'égard de l'âme.

—

L'amour de Dieu peut seul redresser ce que l'amour du monde a courbé.

—

L'amour de Dieu est enfermé dans celui du prochain, qu'on ne doit aimer et secourir que pour l'amour de Dieu.

—

Le Saint-Esprit n'est que pour les enfants de Dieu : nous n'y avons droit que parce que c'est l'Esprit de notre Père.

—

Il fallait que la leçon de l'humilité et du silence fût bien importante, puisque Jésus-Christ y a consacré trente années de sa vie et de son exemple, et qu'il n'a donné que trois ou quatre années à toutes les autres vérités de l'Evangile.

—

On n'est jamais plus dangereusement tenté que quand on croit ne le pouvoir être.

—

Un seul Dieu, une seule religion.

—

Quand Dieu élève quelqu'un, il est comme engagé par sa bonté à le soutenir, à prévenir ses chutes, à le relever; quand c'est le diable, c'est-à-dire l'ambition, l'orgueil, la vanité, il ne trouve de forces que dans sa présomption, de vigilance que dans son aveuglement, de secours que dans sa propre faiblesse. Seigneur! plutôt ramper comme un petit ver sur la terre que d'être abandonné à cette élévation diabolique!

—

Quand la réputation d'un ouvrier de l'Evangile se répand, malheur à lui s'il se répand avec elle, et s'il la suit dans le monde, au lieu de se retirer dans son propre cœur, et de s'y recueillir avec Jésus-Christ!

—

Etre honoré de tout le monde et conserver l'humilité, c'est une vertu qu'on ne trouve que parmi les chrétiens, et qui est rare parmi les plus parfaits.

—

Un prédicateur évangélique devrait être un Melchisédech de qui l'on ne sût rien, sinon qu'il est un ministre de Jésus-Christ qui annonce dignement la vérité, et qui la met le premier en pratique.

—

La vérité irrite ceux qu'elle n'éclaire et ne convertit pas.

—

Les miracles visibles ne peuvent être utiles aux hommes, à moins que Dieu n'en fasse un autre invisible pour leur en faire faire un bon usage. Les premiers sont une voix qui parle aux sens; il en faut une qui parle au cœur.

—

Il est plus aisé de se passer des richesses, quand elles manquent, que de ne s'y point attacher, quand on les a.

—

Qu'il est glorieux à Dieu de se faire aimer des hommes aux dépens de tout, sans l'attrait d'aucun bien sensible, et purement pour lui : c'est une preuve de son existence, une marque de sa grandeur, de la vérité de sa religion et de la puissance de sa grâce, et le triomphe de la foi.

—

Les disciples de Jésus - Christ ne sont presque payés qu'en promesses de tout ce qu'ils font et de tout ce qu'ils souffrent pour lui ; mais ces promesses sont argent comptant pour celui qui a de la foi.

—

Une vie toute de joie et de divertissement est une vie de réprouvé.

—

Il faut suivre Jésus-Christ par la folie de sa morale aussi bien que par celle de sa croix.

—

C'est être un moqueur que d'appeler Dieu son Seigneur, et de n'obéir pas à ses commandements.

—

La langue est comme une pompe qui vide le cœur sans le purifier ni le remplir.

—

L'amour de Dieu est une source cachée, qui fournit sans cesse, ne laisse jamais le cœur à sec, et le remplit toujours de nouveau.

—

On se flatte en vain d'être du nombre des

prédestinés, quand on ne mène pas une vie de prédestiné.

—

On ne se peut rendre digne de Jésus-Christ et de sa grâce qu'en s'en reconnaissant indigne.

—

Les grands pécheurs profitent plus de la Parole de Dieu que les faux dévots.

—

La religion est pleine de dépendances et de liaisons des plus petites choses aux plus grandes.

—

On a beau consulter le goût du monde, il n'approuvera jamais notre conduite que nous n'approuvions la sienne.

—

Gardons-nous de travailler au royaume de Dieu avec l'appareil du monde : c'est établir ce qu'on veut détruire, et détruire ce qu'on veut établir.

—

La plupart exposent ou négligent le salut

de leur âme , comme s'ils en avaient plusieurs , et qu'ils en pussent risquer une. C'est notre unique ; il faut l'aimer uniquement.

—

Il faut paraître détaché même du nécessaire, pour persuader aux autres de se détacher du superflu.

—

Dieu veut que l'on connaisse l'impuissance humaine, avant qu'il exerce sa puissance divine.

—

La Parole de Dieu est nourrissante et inépuisable : plus on s'en rassasie , plus elle devient pleine et abondante pour celui qui la lit.

—

Qui ne s'aime que pour cette vie , se hait pour l'éternité.

—

Dieu nous sépare souvent du monde par des dégoûts et des rebuts , sans lesquels nous y aurions toujours été attachés.

—

On ne saurait trop dire aux chrétiens de laisser le monde aux gens du monde.

—

On est esclave du monde, dès qu'on a besoin de lui.

—

Le royaume de Dieu est proche de nous; il n'y a qu'un pas à faire : passons de l'amour de nous-mêmes à l'amour de Dieu, et son royaume est à nous.

—

Il est bien rare de n'avoir point de complaisance dans le succès des œuvres que Dieu fait par nous.

—

On avoue aisément que tout le succès vient de Dieu; mais la complaisance d'avoir plutôt qu'un autre ce don de Dieu, et la joie d'être regardé des hommes avec ce don, et à cause de ce don, sont des effets déplorables de l'amour-propre.

—

Dieu sait le moyen de nous faire trouver

de quoi nous humilier dans les objets mêmes d'où nous prenons occasion de nous élever.

—

Ne nous réjouissons point des dons éclatants de Dieu, mais de sa seule miséricorde sur nous.

—

Quand l'amour de Dieu est écrit dans nos cœurs par son Esprit, et dans nos mains par les bonnes œuvres, nous devons avoir cette confiance que nous sommes écrits dans le ciel pour l'éternité.

—

Nous demandons souvent à Dieu de connaître sa volonté, comme si nous voulions la faire, pendant que nous négligeons ce que nous en connaissons.

—

Plus un pécheur se veut justifier devant Dieu, plus il se condamne.

—

L'activité qu'inspire l'Esprit de Dieu est tranquille et paisible, parce qu'elle est soumise à Dieu et ne veut que la volonté de Dieu.

—

Rien n'est nécessaire que ce qui est éternel, ou qui conduit à l'éternité.

—

L'occupation de Marthe est bonne ; mais celle de Marie est meilleure, parce qu'elle commence ici-bas ce qu'elle aura à faire dans le ciel.

—

Origine de l'Oraison dominicale : Un seul, édifié et touché de l'exemple du Seigneur, conçoit l'amour de la prière, désire de savoir prier, comprend que par lui-même il n'en est pas capable, s'adresse à Jésus-Christ, obtient de Jésus-Christ ce modèle tout divin, procure ce trésor aux autres disciples et à toute l'Eglise, et est l'occasion des biens infinis que cette prière y a produits et y produira jusqu'à la fin des siècles.

—

Il faut avoir beaucoup prié pour apprendre aux autres à prier.

Il n'appartient proprement qu'à l'Homme-Dieu d'enseigner comment Dieu veut être prié par l'homme.

—

Le pain du chrétien, c'est la grâce, comme la gloire est son patrimoine ; et on doit estimer, désirer et demander la grâce à proportion qu'on désire la gloire où elle conduit.

—

Un pauvre voyageur demande son pain chaque jour, et ne mange que pour avancer. Demandons aussi le nôtre en voyageurs, et avançons vers la patrie où nous serons rassasiés du pain de Dieu, sans avoir besoin de le demander.

—

Le pain de l'esprit, c'est la vérité : le pain du cœur, c'est de faire la volonté de Dieu ; le pain de l'homme entier, c'est Jésus-Christ et sa grâce : donnez-nous-les, Seigneur, et ne cessez jamais de nous les donner !

—

Ne craignons point que Dieu nous donne

une pierre pour du pain ; mais craignons de changer nous-mêmes le pain de Dieu en pierre par la dureté de notre propre cœur.

—

On demande le bon succès d'une affaire, et on ne demande point le bon Esprit qui fait une bonne affaire des plus mauvaises par le bon usage qu'il en fait faire.

—

La passion fait souvent condamner dans les uns ce qu'on approuve dans les autres.

—

Interdire la lecture de l'Ecriture aux chrétiens, c'est interdire l'usage de la lumière aux enfants de la lumière, et leur faire souffrir une espèce d'excommunication.

—

Ceux qui ne veulent pas suivre la lumière n'ont garde de vouloir dissiper les ténèbres, à la faveur desquelles ils règnent.

—

Chaque siècle a sa manière de confesser Jésus - Christ, comme chaque siècle a sa manière de persécuter ceux qui le confessent.

—

Il n'y a point de vrais biens, ô mon Dieu, que ceux que vous destinez à vos élus ; biens du ciel qui se multiplient par les désirs, qui ne se serrent que dans le cœur, qui l'élargissent et se font place en se multipliant, qui se conservent eux-mêmes, parce qu'il suffit de les aimer toujours pour ne les perdre jamais !

—

Si rien ne manquait jamais à l'homme, il aurait toujours de quoi louer et remercier la libéralité de Dieu, mais il n'aurait pas de quoi exercer sa foi et sa confiance.

—

Les hommes cherchent un appui humain, mais un chrétien qui est un homme au-dessus de l'homme, ne doit s'appuyer que sur un fondement divin, qui est la bonté et la promesse de Dieu.

—

Dieu veut être servi en sa manière, non en la nôtre.

—

Il n'y a pas un moment à perdre, quand on n'est pas assuré d'un moment.

—

La patience de Dieu à l'égard des pécheurs est une des choses les plus surprenantes, quand on considère ce que c'est que Dieu, et ce que c'est qu'un pécheur.

—

La reconnaissance de la créature est un nouveau bienfait du Créateur.

—

Les hommes sont plus enclins à faire des questions curieuses qu'à demander des instructions nécessaires.

—

Il vient des temps où, par un juste jugement, l'on ne peut plus faire ce qu'on veut, parce qu'on ne l'a pas voulu quand on l'a pu.

—

Trop de loisir et trop d'occupations sont

tous deux également dangereux pour le salut.

—

On se damne brutalement, on se damne en honnête homme.

—

C'est un grand malheur, mais dont il est difficile de convenir, d'avoir à quoi s'attacher en cette vie, et de quoi s'y faire une espèce de félicité. C'est, au contraire, un grand bonheur, et aussi difficile à comprendre, de n'avoir rien en ce monde qui nous le puisse faire aimer.

—

Les places dans le ciel sont comptées, et néanmoins il y en a toujours de reste pour ceux qui veulent se sauver.

—

C'est un jugement impénétrable de Dieu, qu'il se contente d'inviter et d'appeler ceux qui étaient plus proches, et qui n'étaient attachés à rien de mauvais, les abandonnant à leurs désirs ; et qu'il fasse sommer et comme forcer les autres, qui paraissaient moins

propres et plus éloignés , et qui ne s'y attendaient point.

—

On veut être chrétien à trop bon marché,
et pour cela on ne l'est point du tout. Il
faut qu'il en coûte, et qu'il en coûte tout pour
le salut, au moins dans la disposition du
cœur.

—

On renonce à tout, quand on n'y attache
point son cœur.

—

C'est une des premières marques de conversion d'écouter avec plaisir la Parole de
Jésus-Christ.

—

C'est presque tout ce qu'il y a à faire en
cette vie, de s'approcher de Jésus par la foi,
la prière, l'amour et la méditation de sa Parole.

—

L'orgueil corrompt les meilleures maximes.

—

Qu'est-ce que la volonté de l'homme, légère et inconstante comme elle est, quand elle n'est point régie et gouvernée par la volonté immuable et souveraine du Créateur?

—

L'homme ne peut être longtemps son propre guide, sans expérimenter qu'il est conduit par un aveugle et un séducteur.

—

L'amour-propre est un mauvais gardien et un grand dissipateur des dons de Dieu. Il n'y a que Celui qui les donne qui les puisse garder, et c'est les vouloir perdre que de prétendre les conserver sans lui.

—

C'est un commencement de bonheur, de comprendre la misère du péché, et d'envier le bonheur de ceux qui servent Dieu.

—

C'est vouloir vendre par avance une partie de l'héritage éternel que de désirer des récompenses ou des douceurs temporelles.

—

C'est une double pauvreté que de manquer de tout et de ne pouvoir rien demander.

—

Ce qui est petit est petit; mais être toujours fidèle, même dans les plus petites choses, c'est quelque chose de grand.

—

La charité en ce monde, et la gloire en l'autre, sont les seuls biens dont on ne peut abuser.

—

Quand on touche aux passions dominantes, un prédicateur est mal écouté.

—

C'est le cœur qui sera jugé par Celui qui voit le cœur : c'est par là qu'il faut lui plaire.

—

L'impie se flatte follement que ce sont les preuves qui manquent à sa foi, et c'est la foi qui lui manque au milieu des preuves les plus éclatantes.

—

La prière doit sa naissance à la foi, mais la foi doit son accroissement à la prière.

—

Plus on se voit éloigné de Dieu, plus il faut élever la voix.

—

Une fausse vertu est un voile qui nous cache nos vices.

—

Il ne faut pas faire l'orateur ni le discoureur devant Dieu.

—

Nous pouvons, sans craindre de nous tromper, juger de notre cœur par notre prière.

—

Une conversion qui ne se dément point, mais est suivie d'une vie édifiante, fait plus connaître Dieu et sa grandeur que les plus grands miracles extérieurs.

—

Le plus grand malheur n'est pas d'être pécheur, mais de ne connaître ni son péché, ni le remède du péché.

—

Le silence de la vérité est un des plus terribles châtiments de la justice de Dieu en ce monde.

—

La crainte n'arrête que la main ; le cœur est livré au péché, tant que l'amour de la justice ne le conduit pas.

—

Le riche qui donne beaucoup se réserve beaucoup.

—

Ceux qui ont d'autres yeux que ceux du corps ont aussi une autre beauté à admirer que celle qui doit périr.

—

Si la langue ne peut pas toujours prier, le cœur le peut toujours.

—

C'est un état bien misérable , de ne craindre le péché que par un motif humain. Ce n'est pas haïr le péché, mais s'aimer soi-même.

—

Il est plus difficile qu'on ne pense de connaître quel amour domine en nous.

—

Ceux qui sont reconnaissants sont toujours pleins d'espérance; il n'y a que les ingrats qui se défient de la providence de Dieu.

—

La coutume de prier à genoux ne vient pas seulement des apôtres, mais de Jésus-Christ même. (Luc, XXII, 41.)

—

Le monde est plein de ces bonnes volontés imparfaites qui ne vont jamais jusqu'à l'exécution, et qui ne servent qu'à rendre les pécheurs plus inexcusables, parce qu'ils pèchent avec lumière et avec la vue de leur devoir.

—

(*Sur les deux larrons.*) Un se convertit à la mort, espérez; un seul, craignez.

La foi tire de la mort de Jésus-Christ la force de se déclarer pour lui.

—

L'espérance chrétienne n'est telle que par la patience et la persévérance.

—

On remarque ces deux circonstances assez ordinaires dans les fautes des élus, que Dieu ne les laisse pas aller bien loin , et qu'ils sont prompts à retourner quand Dieu les rappelle.

—

Dieu forme peu à peu la foi dans les cœurs, afin qu'on sente davantage que c'est son ouvrage.

—

La pénitence du côté des pécheurs et la miséricorde de la part de Dieu sont le sommaire de l'Évangile.

—

Jésus-Christ se contente d'exposer à notre foi son éternité, son existence dans son Père et sa divinité, sans nous développer ces mystères. Notre foi s'en doit aussi contenter, et

plus croire que raisonner, plus adorer qu'expliquer , plus remercier que pénétrer , plus
aimer que connaître.

—

La vraie noblesse et qui doit seule être
estimée du chrétien, c'est d'être enfant de
Dieu.

—

Trop voir et être trop vu détruit souvent
plus que la Parole n'édifie.

—

Il est bon de ne rien comprendre d'abord
à la religion, afin d'être convaincu du besoin
d'une lumière, non contraire, mais supé-
rieure à celle de la raison.

—

Souvenons-nous que notre naissance spirituelle nous oblige à mener une vie spirituelle.

—

L'Evangile est l'humiliation des savants et
la consolation des simples.

—

L'amour-propre déchire le cœur par des

désirs contraires. La vanité demande des imitateurs ; une autre sorte de vanité ne les peut souffrir. La charité et l'humilité s'accordent à n'en vouloir que pour Dieu.

—

C'est suivre Dieu que de ne se pas exposer à souffrir, quand le temps n'en est pas venu.

—

On a beau vouloir détourner ses yeux de soi-même pour ne pas voir sa propre corruption, Dieu la porte jusque sous nos yeux, quand il a entrepris de nous en donner de l'horreur.

—

Le pécheur ne sait quel Dieu il adore ; car il adore ce qu'il aime, et il aime tout ce qui flatte ses passions, aujourd'hui une chose, demain une autre.

—

L'œuvre de Dieu soutient l'ouvrier.

—

Il y a plus de bénédiction à lire dans l'Evangile les mêmes vérités qu'on pourrait lire ailleurs; c'est comme les recevoir immédiatement de la bouche de la vérité même.

—

C'est la honte de l'esprit humain de ne se fermer à la créance des choses extraordinaires, que quand c'est Dieu qui les fait.

—

Quand les moyens humains manquent, Dieu fait voir sa puissance.

—

Dieu nous tente pour éprouver et pour exercer notre foi, le diable pour l'éteindre.

—

Cette abondance d'herbes que Dieu fait naître continuellement pour les bêtes, ne reproche-t-elle pas aux hommes leur infidélité ou leur défiance?

—

L'athée est un homme qui marche pour ainsi dire tous les jours sur des miracles de Dieu.

—

Les miracles qui durent depuis le commencement du monde dans un ordre et avec une justesse qui ne se démentent jamais, sont plus admirables que les miracles passagers.

———

Les grandes vérités troublent les faibles et aveuglent les méchants, en même temps qu'elles consolent les enfants de Dieu.

———

Un grand nombre de chiens qui déchirent les prédicateurs de la vérité, ou de pourceaux qui la foulent aux pieds, ne doit pas empêcher qu'on ne nourrisse les agneaux et les colombes.

———

Il ne faut pas moins que le corps et le sang de Jésus-Christ pour entretenir la vie divine d'un chrétien.

———

Souvent, et trop souvent, les vérités qu'on n'oserait contredire dans l'Evangile et dans la bouche du Fils de Dieu, on ne craint pas de les traiter de dures et d'outrées dans les livres ou dans la bouche de ses disciples.

———

On n'est pas saint pour être dans la compagnie des saints.

—

Ce n'est pas toujours perfection de s'empresser de souffrir.

—

L'onction de l'Esprit est un grand maître, et c'est par la prière qu'on devient son disciple.

—

La mauvaise volonté des hommes est moins à craindre pour nous que la nôtre.

—

Jésus écrit ses pensées divines sur la poussière, et nous voudrions que les nôtres fussent écrites sur le cèdre et gravées sur l'airain.

—

La Parole de Dieu demande un cœur vide.

—

Ce n'est pas une chose commune d'être humble dans ses chutes, et de ne pas ajouter l'hypocrisie à ses autres fautes.

—

La prévention passe aisément des personnes aux vérités qu'elles annoncent.

—

Il faut chercher humblement la lumière,
si on n'en veut pas être aveuglé.

—

Il est très-dangereux de savoir certaines
vérités et de ne les pas bien savoir.

—

Jésus-Christ est toujours exaucé, parce
que, selon ses différentes natures, il est en
même temps celui qui prie et celui qui
exauce.

—

Notre âme, depuis le péché, est comme une
lampe presque éteinte, que la lumière éternelle rallume par le moyen de la foi, et qui
sera un jour réunie à la plénitude de cette
lumière éternelle.

—

Dieu diffère les derniers dons, afin qu'on
ne s'attribue pas les premiers.

—

On prêche avec une grande confiance, quand on ne dit rien de soi-même.

—

Quand les enfants d'Adam s'humilient, l'orgueil s'échappe toujours par quelque fente.

—

Des fidèles sans œuvres sont des branches sans fruit.

—

Rien n'est plus à craindre que de se croire tout-à-fait pur dans ce monde, et de s'imaginer que tout est fait dans notre cœur.

—

Vaincre pour ne pas souffrir, c'est la devise de l'homme charnel; la devise de l'homme chrétien est : souffrir pour vaincre, se laisser fouler aux pieds pour ne pas tomber, mourir pour vivre.

—

La tristesse chrétienne peut entrer dans le cœur, mais elle ne le doit pas remplir, ni l'occuper tout entier.

—

On ne peut avoir en même temps les consolations de la terre et celles du ciel; il faut choisir.

—

Le pécheur n'a point de joie qu'on ne lui puisse ravir malgré lui, parce qu'elle lui vient de dehors; le chrétien ne craint point de la perdre, parce que tout ce qu'il aime est dans son cœur.

—

On cherche souvent avec plus de persévérance les occasions de se perdre que celles de se sauver.

—

C'est une grande misère que de n'être convaincu de sa misère que par de grandes chutes.

—

La vertu est toujours entre deux vices.

—

Un prédicateur doit éclairer et instruire avant que d'exhorter et de presser.

—

Dieu nous engage par les miracles extérieurs et visibles à lui en demander d'invisibles et d'intérieurs.

—

Dieu seul peut réparer son ouvrage.

—

Les dons et les grâces de Dieu entre les mains de l'homme sont ce qu'a été Jésus-Christ entre les mains des Juifs. L'homme n'est capable que de les détruire : Dieu seul peut les conserver ou les ressusciter.

—

Une ignorance qui vient de la corruption et de l'aveuglement du cœur peut être un péché, un effet du péché et un principe de péché, loin d'excuser le péché.

—

Dieu console les pasteurs persécutés par la multiplication du troupeau, et il affermit le troupeau par la constance du pasteur.

—

C'est une miséricorde de Dieu que peu de gens reconnaissent, qu'il fasse naître souvent des empêchements à leurs mauvais desseins. Quoiqu'ils soient déjà consommés dans le cœur et devant Dieu, c'est toujours beaucoup de n'être pas chargé des effets et des suites.

—

Les décrets de Dieu sur la mort de son Fils sont d'autant plus saints et plus adorables qu'ils font servir à la sanctification des pécheurs et au règne de Dieu les volontés les plus corrompues et les plus criminelles.

—

Prier pour l'Eglise et pour ses ministres est une pratique solide et trop peu en usage.

—

Tout n'est rien à qui Dieu est tout.

—

L'Eglise redeviendra une Eglise primitive en grâce et en sainteté, quand ces trois choses s'y trouveront : une tendre et forte charité entre les fidèles, un parfait détachement des biens de la terre, une fidélité inviolable de tous les pasteurs à faire connaître les vérités de l'Evangile.

La piété inspire le respect, mais plus au petit peuple qu'aux grands du monde.

—

On passe sa vie à délibérer et on meurt là-dessus.

—

Dieu se réserve toujours quelqu'un dans les corps les plus corrompus, et s'en sert quand il lui plaît.

—

Les meilleures institutions naissent souvent de quelque désordre ou de quelque imperfection humaine.

—

Plus on dispute de la foi, moins on y est disposé. Il est question de croire, et non pas de contester.

—

Les sciences profanes et la connaissance du monde doivent servir à la foi, et non pas la régler.

—

C'est un abus terrible, et plus commun

qu'on ne pense, de vouloir faire servir le Saint-Esprit à ses passions.

—

Qui n'avoue son péché que parce qu'il ne peut plus le cacher, est un orgueilleux qui change de visage, mais qui ne change point de cœur.

—

La science du Sauveur renferme toute la science du salut.

—

Dieu demande tout le cœur : est-ce trop pour celui qui nous a tout donné en Jésus-Christ ? Car Jésus-Christ renferme tout de la part de Dieu, comme le cœur renferme tout de la part de l'homme.

—

Dieu laisse les saints dans les voies communes, quand la nécessité n'en demande point d'extraordinaires.

—

Quand on est traité comme Jésus-Christ dans la prédication, c'est ordinairement une marque que l'on prêche dans son Esprit, et c'est même un commencement de récompense.

—

Un des moyens de beaucoup avancer dans la perfection est de ne craindre que ce que le Seigneur nous ordonne de craindre, surtout de perdre son amour, et de ne chercher de consolation que celle de son Esprit.

—

L'aumône n'appauvrit point. Elle vide la main, mais elle remplit le cœur.

—

Rien ne monte à Dieu que ce qui vient de Dieu.

—

La vraie amitié consiste à désirer et à procurer les vrais biens à ses amis.

—

Dieu choisit l'un plutôt que l'autre; mais la raison de ce choix est dans lui-même, et non pas dans celui qu'il choisit, ni dans des qualités qui le rendent préférable.

—

Les persécutions sont utiles à l'Eglise. Ce que ses ennemis croient la devoir détruire , est ce qui la fait croître.

—

On ne doit pas même connaître le nom de jalousie entre les ouvriers évangéliques ; mais avoir autant de joie du succès des autres que de ses propres travaux.

—

Dieu châtie avec tant de bonté qu'il annonce ses châtiments afin qu'on les évite.

—

C'est un grand malheur d'employer contre Dieu la puissance qu'on a reçue de lui.

—

Plus la prudence humaine prend de précautions contre les desseins de Dieu , plus elle sert à faire éclater sa puissance.

—

Ce sont les péchés des particuliers qui comblent la mesure de tout un peuple. Prenons garde que ce ne soient les nôtres.

—

La persécution suit la Parole de Dieu par la malice des hommes, et le fruit de la Parole suit la persécution par la miséricorde de Dieu.

—

Les impies s'excommunient eux-mêmes en rejetant du milieu d'eux les serviteurs de Dieu.

—

Il n'y a de différence importante entre les cœurs des hommes que celle que la grâce y met.

—

C'est l'ordinaire de faire passer pour brouillons ceux qui annoncent au monde des vérités qu'il n'aime pas.

—

On ne rend la religion lucrative que par quelque chose de son extérieur. C'est ce qui fait que celui-ci croît toujours, et qu'on n'y peut toucher sans exciter de grandes tempêtes, au lieu que l'intérieur périt, sans que presque personne s'en mette en peine.

—

La prédestination de Dieu, c'est la préparation de ses dons.

—

Il n'y a point d'autre moyen capable d'arrêter les méchantes langues que de les obliger à prouver.

—

Tout ce qui paraît nouvellement n'est pas nouveau : les plus anciennes erreurs sont toujours des nouveautés; les plus nouvelles vérités sont toujours anciennes.

—

Toutes les voies de Dieu sont ou miséricorde ou justice.

—

Il faut que la raison soit bien corrompue, puisqu'étant donnée à l'homme pour chercher Dieu, elle a servi aux plus sages à s'éloigner de lui.

—

Il n'y a point de plus terrible punition que d'être abandonné à soi-même.

—

La paix et la charité sont l'ouvrage de Dieu. L'humilité en est la gardienne, et l'orgueil en est la ruine.

—

Il faut ouvrir la porte de son cœur à la vérité comme à une maîtresse et à une reine, et non pas lui en disputer l'entrée comme à une ennemie.

—

Mon Dieu, qu'il y a loin de l'esprit au cœur, et de la spéculation à la pratique !

—

Combien de gens croient être chrétiens et ne le sont pas ! Quoi ! l'extérieur qui ne suffisait pas pour faire un vrai juif au temps de la loi, suffira-t-il pour faire un vrai chrétien au temps de la grâce ?

—

C'est l'inclination corrompue du cœur de l'homme de chercher dans ses bonnes œuvres et dans sa propre volonté quelque chose qui ne soit point de Dieu, et qu'il ne doive qu'à lui-même. Le chrétien, au contraire, fait sa joie de lui devoir tout par Jésus-Christ.

—

Dieu est Dieu, cela suffit à celui qui croit.

—

Pour connaître si nous sommes vivants à Dieu, voyons si nous sommes morts au monde.

—

Tel qu'est le cœur, tel est l'usage du corps; il sert le maître que le cœur s'est choisi.

—

La servitude des hommes ne fait que des misérables; celle de Dieu ne fait que des saints dans le temps, et des rois dans l'éternité.

—

La véritable paix de l'esprit ne consiste pas à s'imaginer que notre salut est entre nos mains, mais à vouloir bien que Dieu en soit le maître.

—

La grâce est la source de l'humilité, et l'humilité est la gardienne de la grâce.

—

La grâce se change en jugement dans ceux qui en abusent.

—

Quiconque se vante de nous apprendre par ses raisonnements le secret de la conduite de Dieu, ne nous apprendra assurément autre chose que sa propre présomption.

—

C'est abuser des dons de Dieu que de n'en faire usage que pour se satisfaire soi-même.

—

Celui qui règle toutes ses démarches sur la volonté de Dieu, n'a garde d'être entreprenant.

—

On ne trouve que trop de personnes, même parmi les chrétiens, qui ont quelque chose du paganisme, au moins dans leurs mœurs.

—

Ne s'appuyer sur rien de charnel et d'humain, c'est le secret pour mettre l'Esprit et la puissance de Dieu de notre côté.

—

On prévient bien des chutes quand on se tient à terre par humilité.

—

Quelque impatience que donne l'amour d'aller à Dieu , il faut que la crainte de la mort fasse sentir au plus juste que c'est la peine du péché, et le fasse souvenir qu'il est pécheur.

—

C'est un effet de la communion des saints de ressentir la joie du bien qui se fait ailleurs.

—

Le cœur doit faire l'aumône quand la main ne le peut.

—

Dieu a mis la portion temporelle du pauvre dans la main du riche, et la portion spirituelle du riche dans la main du pauvre.

—

Celui qui retient la part du pauvre, se dérobe plus à lui-même qu'au pauvre.

Rien n'est plus raisonnable que de faire servir même les raisons humaines à l'œuvre de Dieu.

—

C'est beaucoup de faire changer d'habitudes, quelque imparfait qu'en soit le motif.

—

Que l'on est bien payé de son aumône, quand elle attire la grâce de la faire et plus abondamment, et plus saintement, et en toutes manières.

—

Le zèle est bien aveugle ou mal réglé, quand il fait entreprendre sur les droits des autres.

—

Il est rare de ne point mentir quand on parle de soi-même.

—

La plus dangereuse des tentations est de se croire assez fort, et de ne pas appeler Dieu au secours.

—

L'Evangile de Jésus-Christ est comme crucifié entre deux larrons : entre les Juifs qui le rendent plus difficile, en y ajoutant le poids insupportable de la loi; et entre les mauvais chrétiens qui le veulent rendre plus doux, en diminuant le joug aimable de la croix. La nature se défend assez contre les premiers; la grâce nous doit donner horreur des seconds.

———

Qui croit pouvoir allier les intérêts si opposés de Jésus-Christ et du monde, ne connaît ni le monde ni Jésus-Christ.

———

On peut publier ou cacher ses péchés passés par orgueil; on peut faire l'un et l'autre par humilité.

———

Ordinairement la retraite et le silence sont préférables aux plus saintes conversations, surtout au commencement de la conversion.

———

Tout déguisement est indigne d'une religion qui a pour fondement la vérité incarnée, et à qui elle est toute chose.

———

La loi bien entendue ne nous dit autre chose, sinon que notre force et notre vie ne sont point en elle, mais en Jésus-Christ.

—

Toutes les Ecritures ne nous disent autre chose, sinon que tous les hommes sont pécheurs, et comme les prisonniers et les esclaves du péché, et qu'il n'y a de salut que par Jésus-Christ.

—

Non l'un et l'autre, mais l'un ou l'autre ; ou la terre, ou le ciel ; ou un moment, ou l'éternité : choisissons.

—

Quiconque travaille pour Dieu, ne travaille jamais en vain pour soi, quoique son travail soit inutile aux autres.

—

C'est un secret pour ramener des esprits éloignés de nous, de ne pas paraître s'apercevoir de leur éloignement.

—

Les menagements de la charité, tout humains qu'ils paraissent, sont de l'Esprit de Dieu.

—

(*Sur Galates, IV*, 25.) Combien de degrés pour retracer le chemin de la patrie céleste à ceux qui s'en sont égarés. Une femme signifie une montagne, une montagne une ville, une ville un peuple, un peuple l'Eglise d'ici-bas, et cette Eglise nous conduit au ciel. Mais que la foi abrége ce chemin !

—

C'est assez pour se perdre que de s'attacher, contre l'ordre de Dieu, à des choses d'elles-mêmes indifférentes.

—

Un peu de levain aigrit toute la pâte. Une seule conversation mauvaise peut empoisonner une âme ; un seul libertin, une ville ; un seul hérétique, une Eglise ; l'amour-propre, les meilleures œuvres.

—

Il est aisé de vivre en repos, quand on compte pour rien la vérité ; mais ce repos ne durera pas plus que la vie.

Comment accomplir sans la charité une loi qui se réduit toute à la charité?

—

Le pécheur est ordinairement vif, ardent, curieux pour connaître la vie du prochain ; mais lent, paresseux et aveugle à connaître , à corriger et à condamner sa propre conduite.

—

Qui peut se glorifier d'avoir mérité d'être homme par la première création , peut s'attribuer le mérite d'avoir été fait un nouvel homme par la seconde création.

—

On ne peut s'assurer qu'on aime Jésus-Christ et qu'on est à lui , qu'il n'en ait coûté quelque chose.

—

Dieu ne nous choisit pas, parce que nous sommes ou que nous serons saints, mais afin que nous le soyons.

—

Dieu a confié sa grâce à l'homme dans la première création ; mais, hélas ! qu'il l'a mal ménagée ! Il rend ses desseins immuables , et assure à ses élus la grâce et la gloire qu'il leur destine , en ne les confiant dans la seconde création qu'à son propre Fils , en qui ils sont bénis , sanctifiés et glorifiés comme ses membres , et à qui personne ne les peut ravir.

———

Rien de si sage que le choix des élus, puisqu'il se fait par le conseil de la sagesse même. Rien de si gratuit et de si indépendant du mérite , puisqu'il se fait comme par sort. Rien de si infaillible, puisque c'est par le décret d'une volonté souveraine et toute-puissante. Rien de si juste, puisque c'est à Jésus-Christ que cette grâce est donnée , et que ce n'est qu'en lui que nous la recevons.

———

L'Eglise est le grand mystère du Christ entier, composé du chef et des membres.

———

Il n'y a qu'une foi timide ou peu éclairée qui perde courage dans les souffrances et les persécutions des gens de bien et des saints pasteurs, au lieu d'en faire le fondement d'une confiance vraiment chrétienne.

—

Si le cœur est plein ou de lui-même ou du monde, comment Jésus-Christ le remplira-t-il?

—

Qui peut préparer le cœur à la charité sinon la charité même, la charité opérante à la charité habitante ?

—

L'amour de ses propres pensées est souvent puni par l'aveuglement de l'esprit.

—

Les obstacles des hommes sont les moyens de Dieu.

—

Une partie de la perfection de cette vie consiste à se croire bien éloigné de la perfection même.

—

Le mal est au cœur, et la grâce de Jésus-Christ est le seul remède qui puisse aller jusque là et le guérir.

—

Il n'y a point de marque plus terrible de la colère de Dieu sur les grands que quand il leur laisse persécuter les saints.

—

Le vrai humble se croit toujours le plus grand de tous les pécheurs, parce qu'il ne se compare avec aucun.

—

Il vaut mieux être parfait dans un état de moindre perfection, que d'être imparfait dans un état de plus grande perfection.

—

Ne renvoyons pas à la Providence les pauvres que la Providence nous envoie.

—

La foi vit des œuvres comme de la nourriture qui la soutient. Les œuvres vivent de la foi comme de l'esprit qui les anime. C'est leur donner la mort que de les séparer.

—

La connaissance des personnes divines est inséparable et indivisible, comme elles sont elles-mêmes indivisibles et inséparables.

—

On commence par être amoureux de ses propres pensées, et ensuite on tâche d'en rendre les autres idolâtres.

—

Il faut que chacun s'applique en particulier les menaces qui sont générales.

—

On se perd par les passions qui paraissent les plus tranquilles et les plus honnêtes.

—

Les défauts des hommes se manifestent ordinairement dans leur colère. Les perfections de Dieu éclatent dans la sienne.

—

Cet homme avait fait une grande fortune. Ce prince était puissant. Celui-ci était un bel esprit, celui-là un grand capitaine. C'est-à-dire tout cela a été un moment, et rien de tout cela n'est plus.

—

Chacun se réjouit à son tour ; mais que c'est une grande sagesse de laisser aux pécheurs la joie si courte de la terre, et d'attendre avec patience la joie éternelle du ciel.

—

La ruine du monde et la vengeance divine font une partie de la joie des saints, non par amour-propre, ni faute d'humanité, mais par l'amour de l'ordre, et par l'abondance de la charité qui les unit à Dieu et à sa justice.

—

L'orgueil d'un pauvre est d'autant plus désagréable à Dieu, que n'ayant rien d'extérieur qui le puisse enfler, il faut que la corruption de son cœur soit extrême, et pour ainsi dire incurable, quand, malgré ce contrepoids, il s'élève en lui-même, ne le pouvant faire autrement.

—

La modestie est comme le visage de l'humilité : c'est par où on la connaît ordinairement, et quelque soin qu'elle prenne de se cacher, la modestie la trahit et la découvre.

—

Le principal ne consiste pas à éplucher les fautes particulières, mais à bien examiner son état, ses dispositions', ses habitudes , le fond du cœur et les inclinations qui y dominent , en un mot le corps et le tissu , pour ainsi dire , de toute la vie. Car tel homme ou telle dame de qualité se flattent de ne faire pas de grands péchés, parce qu'examinant en particulier chacune de leurs actions, ils n'en trouvent aucune pour laquelle ils puissent croire que Dieu les voulût damner , qui auraient horreur de leur vie , s'ils en envisageaient toute la suite, et la mesuraient sur la règle immuable et nécessaire de l'Evangile. Ils verraient alors que leur vie n'est qu'une suite de vanité , d'inutilité , d'oisiveté , de pertes de temps , de recherches de leur propre satisfaction , de biens , d'honneurs , et de tout ce que Jésus-Christ condamne par son Evangile.

—

Comme l'orgueil est le chef-d'œuvre du diable, ou plutôt que le diable est le chef-d'œuvre de l'orgueil, il faut exercer contre l'un et l'autre la puissance qui nous a été donnée, et plus encore contre l'orgueil que contre le diable, puisque c'est l'orgueil qui

a fait le changement épouvantable d'un ange
en un démon.

—

Il est important de se bien remplir de Dieu,
et d'être toujours plus disposé à la retraite et
au silence qu'à l'action, sinon quand on nous
l'impose par la nécessité de la charité.

—

S'il fallait suivre toutes les pensées et tous
les mouvements même de piété que l'on a, on
s'exposerait à des changements continuels,
et à sortir de sa vocation pour entrer dans
celle des autres.

—

Il faut beaucoup prier pour attirer sur soi
et sur son emploi la bénédiction du ciel;
mais beaucoup prier, n'est pas beaucoup
parler, ni beaucoup penser, mais plutôt
beaucoup aimer et beaucoup désirer. La
prière n'est que l'interprète de l'amour et du
désir du cœur, et tous les désirs de notre
cœur étant présents à Dieu et lui étant offerts de temps en temps, on prie beaucoup
et continuellement, quand on a dans le fond

du cœur un grand désir de profiter aux âmes que l'on sert pour l'amour de Dieu et pour sa gloire.

—

Prions tant que nous pourrons, sans nous amuser à peser ce que nos prières valent ou ne valent pas.

—

C'est une grande miséricorde que Dieu ne permette pas que nous gâtions tout dans les œuvres dont nous nous mêlons.

—

C'est une double miséricorde quand Dieu nous cache ce qu'il nous donne, de peur que nous ne le perdions en le connaissant, et qu'au lieu de nous humilier de la grâce que la majesté de Dieu fait à un peu de poudre et de cendre, nous ne nous amusions à nous en faire honneur à nos propres yeux, et à nous en parer devant les hommes.

—

J'avoue que j'ai une idée d'un prédicateur évangélique, qui me fait regarder cet emploi avec frayeur pour ceux qui y sont, parce qu'ils me paraissent s'y engager et s'y comporter d'une manière bien différente de celle qu'il faudrait. On ne devrait monter en chaire qu'après avoir médité longtemps dans la retraite les vérités évangéliques, et après s'être rempli de la doctrine de l'Ecriture-Sainte et des Pères, parce qu'on ne devrait répandre que d'une grande plénitude, et de l'abondance de ce que l'on sent dans son cœur. Plein de cette sainte abondance et nourri de cette divine Parole, on ne devrait presque pas avoir besoin d'attention à la manière de la débiter ; au lieu qu'aujourd'hui tout consiste quasi à parer le discours, et à étendre ou à ranger le peu de choses qu'on a à dire.

—

C'est le cœur qui doit parler à nos amis aussi bien qu'à Dieu, parce que la liaison que nous avons avec eux doit faire partie de l'union que nous avons à Dieu, et doit être pour Dieu et selon Dieu.

—

On peut aimer quelquefois le chant , les

cérémonies , et tout cet appareil extérieur des offices divins, d'une manière préjudiciable à l'amour qu'on doit à Dieu qui y est loué et adoré; et saint Augustin craignait fort ce défaut dans lui-même : *Quoties plus me delectat cantus, quam quod cantatur, toties me pœnaliter peccare profiteor.* Il y a une espèce de sensualité spirituelle ou spiritualisée, semblable à celle qu'avaient les apôtres pour l'humanité de Jésus-Christ visible sur la terre dans son corps mortel, et qui était telle qu'elle était un empêchement à la descente du Saint-Esprit. Jésus-Christ les en a guéris en se séparant d'eux visiblement, pour s'unir plus intimement à eux par son Esprit, qui les tira de cette bassesse pour leur faire aimer Jésus-Christ saintement et d'une manière digne de lui, en sorte qu'ils ne le connaissaient plus *secundum carnem.* (2 Cor. V, 16.)

———

Væ mihi si non evangelizavero, disait saint Paul (1 Cor. IX, 16), et cependant il y allait de la vie, ou au moins souvent le fouet, les cailloux, les opprobres, les contradictions, ne lui manquaient pas : *Foris pugnæ, intus timores* (2 Cor. VII, 5). Que sacrifient aujourd'hui les prédicateurs? un peu de repos par un peu de fatigues; quelquefois leur santé, rarement un peu d'honneur par de petites confusions qui leur arrivent : mais pour en trouver qui sacrifient leur vie en prêchant Jésus-Christ, il faut passer les mers et aller au bout du monde.

—

Il y a des miracles qu'on ne pourrait s'attendre de voir, sans tenter Dieu. Mais celui de la conversion n'est pas si rare dans l'Eglise, et comme il est attaché à certaines circonstances et conditions nécessaires et suffisantes, quand on voit qu'elles se forment petit à petit, on doit espérer que Dieu consommera l'ouvrage. L'ouvrier que Dieu y emploie est peu de chose : mais Dieu est tout-puissant, et c'est sa gloire de faire réussir les choses les plus difficiles par le moyen des plus faibles instruments.

—

Une âme crasseuse est souvent une perle précieuse devant Dieu.

Il ne faut pas se conserver comme un ou-vrier nécessaire; mais il ne faut pas non plus se ruiner la santé comme n'étant bonne à rien, quand Dieu l'a rendue bonne à quelque chose.

—

Il y a des singularités mondaines; il y en a de chrétiennes et de salutaires, et c'est même ce qui fait la voie étroite de l'Evangile que cette singularité par laquelle on se distingue de la foule qui marche par la voie large. Saint Pierre trouva singulière l'humilité de notre Seigneur quand il lui voulut laver les pieds; mais c'est qu'il ne comprenait pas les voies de Dieu. Jamais les choses saintes ne s'établiront ou ne se rétabliront, tant qu'on aura cette appréhension de paraître singu-lier. Quand les choses ne sont devenues sin-gulières que par la négligence et la tiédeur des chrétiens qui les ont laissé abolir, il est permis à la ferveur chrétienne de les remettre sur pied.

—

La plus excellente voie en elle-même n'est

pas toujours la meilleure pour certaines personnes. La meilleure est celle que Dieu leur
a choisie et leur a marquée, et par laquelle il
a dessein de les conduire à lui, en y attachant les grâces dont elles ont besoin pour
leur perfection et leur salut.

—

Quelque modéré que soit le désir des digni-
tés, il doit être fort suspect. L'Evangile nous
apprend à chercher le dernier rang, au moins
à y demeurer quand nous y sommes, jusqu'à
ce que le Seigneur nous dise : Montez plus
haut (Luc XIV, 10) ; et nous n'avons guère
sujet de nous confier que c'est lui qui nous
le dit, que quand nous y montons contre notre inclination, et qu'on nous fait une espèce
de violence pour nous y placer.

—

Il est toujours périlleux d'être distingué
des autres, parce que c'est ce que la nature
aime, et que *amor singularitatis* est une
des marques et un des effets de notre orgueil.

—

On se trouve toujours bien devant Dieu de

se tenir *à la dernière place*. (Luc XIV, 10.) La nature aime à se dilater et à s'étendre; l'esprit de Jésus-Christ nous porte à nous resserrer et à nous contenir dans notre petitesse. Quand même on ne contribuerait ni par désir ni par action à sa propre élévation, on a toujours sujet de craindre que ce ne soit le diable qui nous ait portés sur le pinacle du temple pour nous tenter après, et faire en sorte que par une vaine confiance, qui croît avec l'élévation, nous nous précipitions en beaucoup d'occasions périlleuses pour le salut. Heureux qui aime à demeurer en bas: c'est le moyen de ne pas tomber, ou au moins de ne pas tomber de haut.

—

Marchez sur les eaux pour aller où le Seigneur vous appelle, non en vous confiant en la force des eaux, c'est-à-dire en votre faiblesse, mais en croyant en la parole de celui qui vous dit : *Venez*, en espérant qu'il vous tendra la main dans le péril, et en aimant cette dépendance où vous êtes de son secours, soit que la mer soit calme, ou qu'elle soit agi-

tée par les vents, soit parmi les amis ou parmi les ennemis.

———

Les affaires deviennent grandes entre les
mains des grands, et dès qu'elles sont grandes, elles souffrent de grandes difficultés.

———

Il faut travailler tant que Dieu nous donne des forces. Il faut marcher tant qu'il
fait jour. Quand la nuit viendra, il faudra
se reposer et espérer que Celui pour qui nous
travaillons, nous fera entrer dans son repos
et dans sa joie. Surtout quand la Providence
nous engage dans des emplois conformes à
notre vocation, et qu'elle conduit ceux qui
ont droit d'en disposer et de nous en charger,
il faut y entrer en esprit d'obéissance, et
avec espérance que Dieu nous aidera à en
accomplir les devoirs. Quand le repos nous
viendra par quelque voie semblable, à la
bonne heure ; nous trouverons dans l'ordre
de la Providence notre repos plus que dans
le repos même ; mais sans cet ordre, et le travail et le repos nous doivent être également
suspects.

C'est une maxime qu'il faut faire les œuvres de Dieu en secret, et ne les communiquer avant l'exécution qu'à ceux à qui on ne peut se dispenser d'en faire part : parce que le démon qui veille pour traverser tout bien, ne manque pas son coup quand il en trouve l'occasion. Le prétexte du bien et d'un plus grand bien lui sert même souvent pour ruiner le bien qu'on veut faire.

———

La grande consolation dans les croix que nous avons à porter, est de pouvoir dire que ce n'est point nous qui nous les avons mises sur les épaules, mais que c'est la main de Dieu qui l'a fait et nous en a chargés.

———

Nous serons d'autant plus propres aux œuvres de Dieu, que nous nous en trouverons plus incapables par notre propre jugement.

———

On fait tout de rien quand on a beaucoup de foi et de charité.

———

Comme on porte une jambe malade et que cette jambe malade ne laisse pas de nous porter, c'est ainsi que nos croix nous portent quand nous les portons en vrais chrétiens.

—

C'est une grande consolation que d'avoir le monde contre soi, parce que c'est un grand sujet d'espérer qu'on aura Dieu pour soi.

—

C'est gagner que de s'accommoder, et les voies de douceur, qui sont les voies de la charité, sont aussi les voies de l'utilité et de la commodité.

—

Aimons Dieu. C'est tout ce qu'il y a à faire en ce monde et en l'autre.

—

Il n'est pas permis de calomnier les calomniateurs, même les plus publics.

—

Il faut souffrir pour être à Dieu ; il n'en dispense pas ses meilleurs amis.

—

Il y a de fausses charités qui sont de véritables tentations.

—

Si un saint a dit qu'il n'avait jamais été parmi les hommes sans en être revenu moins homme, hélas! qu'il est bien plus vrai qu'on ne revient guère de la compagnie de ceux qui ne font pas profession d'être chrétiens, qu'on ne revienne moins chrétien.

—

Ayez grand soin de vous nourrir d'un pain qui vous doit être d'un grand goût, puisqu'il a fait les délices de Jésus-Christ. *Ma nourriture est de faire la volonté de mon Père,* disait-il. (Jean IV, 34.)

—

Si le monde pouvait être aimé, il faudrait l'aimer pour la grâce qu'il nous fait de nous haïr.

—

Dieu met quelquefois de la dépendance entre certaines personnes, et il semble vouloir qu'une âme tire d'une autre quelques secours pour son salut. C'est un ordre de sa conduite qu'il ne viole guère, parce que c'est la voie de la charité et de l'humilité. Mais il est encore plus jaloux de conserver la dépendance que doit avoir de lui sa créature, et de faire connaître que quand il en emploie quelqu'une pour faire quelque grâce à une autre, ce n'est ni par indigence ni par nécessité, mais par bonté et par sagesse.

—

Il faut rendre à Dieu ce qu'il nous prête, quand il lui plaît de ne nous en plus laisser l'usage, et le lui rendre de bonne grâce. Quand les hommes nous ont prêté quelque chose, nous le leur rendons avec actions de grâces. Nous ne traitons pas ainsi Dieu : c'est toujours comme en rechignant et en murmurant.

—

La différence des lieux est peu de chose, et il n'y a proprement de différence qu'entre le Paradis et l'Enfer. Partout où l'on est en ce monde, on est à une égale distance de ce lieu du souverain malheur, et de celui du bonheur éternel.

—

A l'égard des hommes, la grande et comme la seule différence est celle qui est entre ceux qui aiment Dieu, et ceux qui ne l'aiment pas. Soyons des premiers, et que toute notre ambition consiste à voir croître cet amour dans notre cœur.

—

La plupart du temps, on assiste les pauvres par un sentiment naturel de compassion: un bon païen en ferait bien autant, et les Turcs le font. Mais il faut regarder en eux Jésus-Christ si nous voulons que notre aumône soit chrétienne, et que Jésus-Christ reçoive comme fait à lui-même, ce qu'on fait aux pauvres. Quand on a cette vue, le zèle, l'empressement, la tendresse, la joie, accompagnent et font agir le fidèle, parce qu'il sait qu'il doit tout cela à Jésus-Christ, et que s'il le voyait de ses yeux sur la terre dans le besoin, il se croirait trop heureux de le pouvoir servir et secourir.

—

Que d'avances n'est-on point obligé de faire pour le monde, quand on en attend quelque chose. Combien il nous fait languir après les avantages qu'il nous fait espérer; mais que ces espérances se trouvent vaines et stériles à la fin! Que produisent-elles ordinairement sinon du vent et de la fumée? À l'égard de Dieu, à peine on a commencé à semer qu'on commence aussi à recueillir, et l'on est payé comptant dès cette vie de tout ce que l'on fait pour lui, sans préjudice de ce qu'il nous prépare dans le siècle à venir.

—

C'est l'ordinaire qu'on cherche à se faire des sujets de peine quand on en a déjà d'un autre côté, comme tout se tourne en joie quand on est en disposition de joie.

—

Il faut que personne n'aime ce qu'il ne doit point aimer; qu'il aime ce qu'il doit aimer; qu'il ne l'aime point plus qu'il ne doit l'aimer; et qu'il l'aime autant qu'il est obligé de l'aimer. C'est ce que Dieu seul peut opérer dans les âmes, et ce qu'on peut appeler l'art de Dieu.

—

Il nous est plus utile de recevoir les dons de Dieu dans ses moments que dans les nôtres.

—

Ce n'est qu'un seul cri que celui des justes qui ont demandé le premier avénement et celui des justes qui demandent le second.

—

Dieu se sert quelquefois du monde pour donner une âme à Jésus-Christ, comme il s'est servi du péché d'Adam pour donner Jésus-Christ au monde.

—

Ne vous mettez pas en peine d'en connaître plus que vous n'en savez de la volonté de Dieu ; songez plutôt à être de jour en jour plus fidèle à faire usage de la connaissance qu'il vous en a donnée.

—

C'est une propriété de la Parole du Sauveur que chacun se la peut approprier tout entière, jusqu'aux moindres syllabes, comme si Dieu n'avait pensé qu'à lui en les inspirant aux écrivains sacrés.

Les vertus sont plus aimables parce qu'elles plaisent à Dieu que par l'excellence qu'elles ont en elles-mêmes, et les vices ou imperfections plus haïssables par l'opposition qu'ils ont aux perfections de Dieu que par leur laideur naturelle et par ce qu'ils ont de honteux et de déshonorable en eux-mêmes.

—

De quelque condition que l'on soit, il faut encore être de l'ordre des vrais pénitents pour être sauvé.

—

La crainte est le premier bourreau auquel le pécheur est livré après son péché.

—

Dieu ne nous donne la crainte de ses jugements qu'afin que nous les prévenions en nous jugeant nous-mêmes.

—

Que nous laisse le péché, sinon aveuglement dans l'esprit, corruption dans le cœur, faiblesse et impureté dans la chair, misère en tout ? Heureux qui, du fond de cette misère, peut au moins bien dire ces deux paroles : Seigneur, ayez pitié de moi ! Seigneur, guérissez-moi !

—

Quelle plus juste peine a celui qui s'est détourné de Dieu, que de voir Dieu se détourner de lui ?

—

Rien ne peut porter Dieu à faire miséricorde au pécheur, que l'amour de sa propre gloire ; et nulle miséricorde ne le glorifie que celle qu'il nous fait par son Fils.

—

Dieu oublie nos péchés, en tant que nous ne les oublions pas nous-mêmes ; il se les cache, quand nous les découvrons ; il nous excuse, nous épargne et nous justifie, autant que nous sommes fidèles à ne nous excuser, ne nous épargner et ne nous justifier pas nous-mêmes.

—

Rien ne paraît si petit et si léger que le péché, quand on le commet ; rien n'est si pesant ni si accablant, quand il est commis.

—

C'est le cœur, non la chair, qu'il faut sacrifier.

—

Un homme qui est tombé par malheur dans le fond d'un abîme, n'a plus de ressource que dans la force de ses cris : telle est la prière à un pécheur qui se voit dans l'abîme du péché.

—

Personne n'est disposé à rentrer dans la prison du meilleur prince du monde ; mais il n'y en a que trop qui se rendent mille fois les esclaves du démon.

—

Ne nous attribuons rien, puisque nous demandons tout.

—

La vraie espérance ne trompe point, mais il y en a bien de fausses.

—

Les justes triomphent toujours des impies tôt ou tard.

—

Rien n'engage si puissamment Dieu à nous secourir que de n'espérer qu'en lui.

—

L'humilité et la charité contiennent seules l'homme dans ses limites.

—

Dieu a horreur des impies qui se mêlent de publier ses louanges et ses vérités.

—

Qui est le roi qui ait donné sa vie pour donner la paix à son peuple?

—

Dieu sera homme tant que Dieu sera Dieu, c'est-à-dire dans toute l'éternité.

—

C'est se moquer de Dieu que d'étudier sa loi sans dessein de la pratiquer.

—

Rien de si rare que d'avouer sincèrement qu'on mérite ce que l'on souffre.

—

Notre soin ne doit pas être d'éviter la croix, mais de la porter chrétiennement.

La conversation des amateurs du monde est contagieuse.

—

C'est notre devoir de chrétiens d'avoir plus de zèle pour suivre l'exemple de Jésus-Christ qu'un chartreux celui de saint Bruno, un capucin celui de saint François, un bénédictin celui de saint Benoît; et d'avoir pour l'Evangile plus d'amour et plus d'exactitude à y conformer notre vie et notre conduite qu'aucun religieux n'en a pour garder sa règle; car l'Evangile est la règle des chrétiens, et Jésus-Christ en est le modèle.

—

Etre prédestiné de Dieu, et être choisi pour être conforme à l'image de son Fils, c'est la même chose.

—

Tous les crimes des chrétiens sont comme autant de sacriléges et de profanations du temple de Dieu qui doivent être punis avec une sévérité proportionnée à la sainteté de ce temple : « Si quelqu'un profane et viole le « temple de Dieu, Dieu le perdra ; car le

« temple de Dieu est saint, et c'est vous qui
« êtes ce temple. »

———

Un saint et un chrétien, c'est la même
chose , et les chrétiens sont communément
appelés *les saints* par saint Paul. En effet, il
ne faut pas nous imaginer que ceux que nous
révérons comme saints soient autre chose
que de bons et parfaits chrétiens, ni que d'ê-
tre appelé au christianisme soit autre chose
que d'être appelé à la sainteté.

———

Qui dit sainteté dit séparation et le premier degré de la sainteté du christianisme
est de se séparer de la corruption du monde
et du péché. Je parle du détachement du
cœur et non pas de la séparation extérieure,
de l'éloignement des cupidités du monde,
non de la fuite du monde même.

———

Que l'orgueil et la vanité sont plus à craindre à ceux qui sont distingués des autres par
une plus grande piété, qu'à ceux qui suivent

le train du monde, ou qui n'ont qu'une piété commune !

—

Il est aisé de se cacher au monde, et l'on peut par là éviter l'applaudissement des hommes ; mais il est difficile de se cacher à ses propres yeux, et de ne pas s'applaudir soi-même du mépris de la louange humaine.

—

Le propre de l'humilité se trouve dans la confession de la grâce de Dieu, que l'on rejette tout entière si on ne l'embrasse tout entière.

—

Il est des gens qui ne vont pas chercher le monde, mais qui souffrent que le monde les vienne chercher.

—

On regarderait comme un fou un homme qui espérerait d'arriver en Espagne en prenant le chemin de l'Allemagne ou de Constantinople. Le monde est plein de ces sortes de fous.

—

C'est notre vie qui doit répondre de notre amour.

—

C'est le bon amour qui fait que notre cœur est bon.

—

Tout doit être chrétien dans un chrétien.

—

C'est le propre du chrétien d'être le disciple du Saint-Esprit.

—

Le divin Maître qui enseigne le cœur a sa chaire dans le ciel.

—

Comme la mesure de l'amour que nous devons à Dieu est de l'aimer sans mesure, de même les bornes de l'attachement que nous devons à sa loi est de n'y mettre aucunes bornes.

—

Ce n'est point à un serviteur de choisir son occupation.

—

Je serais content de ne savoir et de ne pouvoir faire autre chose que de dire mon *Pater*, si j'étais si heureux que de le bien dire.

———

Il est presque impossible qu'un chrétien appelle Dieu son Père, sans se souvenir qu'il est son fils.

———

Puisque même la nourriture corporelle se doit prendre avec prière et action de grâces, combien plus la nourriture spirituelle qui ne profite à l'âme qu'autant que le cœur y est ouvert, et que la vérité éternelle lui parle !

———

Il n'y a peut-être personne qui ne soit pharisien par quelque endroit.

———

Da quod jubes, et jube quod vis : ce fut là comme le mot du guet auquel les Catholiques et les Pélagiens se reconnaissaient du temps de saint Augustin.

———

C'est une tentation fort commune d'envier

le talent des autres comme plus éclatant, et de négliger le sien propre, parce que paraissant moins, il flatte moins la vanité de l'esprit humain.

—

C'est une autre tentation plus délicate et d'un amour-propre plus raffiné et plus spirituel, de se dispenser de la fidélité qu'on doit à Dieu en certaines occasions sous prétexte de la fidélité même qu'on lui doit en d'autres.

—

Souvent on aime plus les œuvres de Dieu ou la part qu'on y a, que Dieu même.

—

Il en est de Dieu comme de la plupart des hommes; ils ne s'accommodent guère d'un serviteur qui ne manque jamais de raisons pour se dispenser d'obéir, et qui veut toujours persuader à son Maître que ses affaires l'appellent ailleurs, quand il n'est question que de faire sur le champ ce qu'il commande.

—

Tant que nous sommes sur la terre, nous

sommes enfants à l'égard de la vérité éternelle : la foi est comme l'enfance du chrétien.

—

La grâce fait tout ; la volonté fait aussi tout ; l'une et l'autre agissent par une opération indivisible : mais la grâce fait tout dans la volonté, et la volonté fait tout par la grâce.

—

O plénitude et toute-plénitude de Dieu, à laquelle l'homme est destiné et qui est la fin de tous les desseins de Dieu et des mystères de Jésus-Christ , n'êtes-vous donc point capable de contenter l'homme ! Faut-il encore qu'il se remplisse de mille bagatelles pour achever son bonheur ?

—

La diversité des grâces et des dons dans l'Eglise contribue à son unité.

—

Si la science de la vérité est seule, elle ne peut nous faire croître qu'en nous-mêmes et dans notre orgueil. La seule charité nous fait croître en Jésus-Christ.

—

(*Sur Ephésiens* IV, 28.) Il n'y a qu'un chrétien qui sache ce que c'est que de gagner la vie du prochain par le travail de ses mains. Mais où est ce chrétien ?

—

Tel est du monde qui se flatte de n'en pas être, parce qu'il n'est pas tout-à-fait plongé dans ses cupidités, comme s'il n'y avait pas plusieurs demeures dans la maison de notre ennemi, aussi bien que dans la maison de notre Père.

—

Le gémissement est notre partage sur la terre comme la louange le sera dans le ciel.

—

Après avoir envisagé nos devoirs, que nous restera-t-il, Seigneur Jésus, sinon de recourir à vous qui êtes notre force, et de nous abandonner à votre grâce toute-puissante ? Sans elle nous ne pouvons rien, avec elle nous pouvons tout.

LETTRES.

* * *

I

A un Ecclésiastique.

Je ne sais, mon très-cher fils en Jésus-Christ, si je pourrais me trouver jamais d'assez mauvaise humeur pour me trouver importuné de vos lettres. J'ai lieu de prophétiser que cela ne sera pas. Mais comme il ne faut pas être prophète pour rendre témoignage du présent, je puis vous assurer que présentement vous me pouvez mettre à l'épreuve , et il me semble que vous me trouverez toujours très-disposé à vous rendre tous les services dont je suis capable. Je demande à Dieu de tout mon cœur que ce soit dans la pureté de sa lumière et dans l'esprit de sa charité pour les âmes. Je sens bien que mon cœur se lie au vôtre, et le vôtre au mien :

mais au nom de Dieu tâchons que de votre côté et du mien, il n'y ait rien de cette sensibilité humaine qui gâte tout dans les œuvres de Dieu. Je le supplie donc, s'il veut se servir de moi pour faire quelque miséricorde à votre âme, comme il le peut faire par le plus misérable instrument du monde, que vous le regardiez uniquement comme celui qui peut seul vous éclairer et vous consoler, et que je ne vous regarde aussi qu'en lui et que pour lui, et que ce ne soit pas nous qui vivions, mais lui qui vive en nous.

Je crois, Monsieur, que vous ferez bien de faire le catéchisme, et de consacrer ainsi par une œuvre aussi évangélique que celle-là le premier usage de la liberté que Dieu vous redonne de votre tête, afin que vous lui puissiez dire véritablement : « C'est en vous « que je conserverai toute ma force, parce que « vous êtes, ô Dieu, mon défenseur. » (*Fortitudinem meam ad te custodiam, quia susceptor meus es*. Ps. LVIII, 9.) Il est vrai qu'il ne se faut pas ingérer, mais avoir mission. Mais dans l'état où sont les choses aujourd'hui, on peut exposer les désirs, et les dispositions que l'on sent à l'égard des fonctions hiérarchiques, en les soumettant entièrement à ceux de qui l'on dépend pour l'exécution de ces pensées. Les paroisses les plus abandonnées doivent plus toucher notre charité. Le droit des pasteurs ou négligents ou ignorants est dévolu à ceux que Dieu touche du zèle du salut des âmes, et la plus grande nécessité fait la plus légitime mission en ces rencontres. « Les petits ont demandé « du pain, et il n'y avait personne pour leur « en donner. » (*Parvuli petierunt panem, et non erat qui frangeret iis.* Jér. Thr. IV, 4.) Ces paroles vous doivent toucher, et la plus grande consolation que vous devez trouver dans l'exercice de cette fonction, sera d'avoir à instruire des gens grossiers, à qui vous serez obligé de dire peu de chose, à le répéter souvent et en des termes si simples qu'il n'y a pas de quoi entretenir la vanité, et que vous aurez besoin de travailler à ne vous pas laisser dégoûter. On a traduit depuis peu le traité de saint Augustin : *De Catechizandis rudibus*; on y trouve de quoi s'encourager en cet emploi.

Je souhâite que notre Seigneur fortifie de plus en plus votre santé pour sa gloire. Comme elle ne doit servir qu'à cela, et que l'étude est nécessaire à un ecclésiastique pour servir utilement l'Eglise, il ne la faut pas fuir, mais il la faut régler et sanctifier; et ne la pas faire par passion, mais par nécessité, ni pour sa propre satisfaction, mais pour satisfaire à nos obligations et aux besoins de l'Eglise.

Ce 15 août 1678.

II

Au Même.

Il est vrai, Monsieur, que l'amour de la vie est bien enraciné dans le fond de notre nature. C'est Dieu même qui l'y a mis. Mais alors la nature était innocente, et l'homme avait droit à la vie, comme à un don qu'il avait reçu de Dieu. Mais maintenant que nous sommes criminels, notre vie est due à la justice de Dieu : et c'est un grand dérèglement d'être pécheurs, et de ne vouloir pas être traités comme pécheurs, ni subir la peine qui nous est due. Quoi que vous me mandiez, je crois pourtant que vous voulez bien que Dieu soit satisfait, et qu'il se fasse justice à votre égard, quand il lui plaira et en la manière qu'il lui plaira ; et que vous êtes prêt de lui ouvrir quand il frappera tout de bon à votre porte. *Aperire non vult*, dit saint Grégoire, *qui exire de corpore trepidat*. (Celà ne veut pas ouvrir qui frémit de sortir de ce corps.) Mais, quelque soumission que Dieu vous donne à sa volonté, il ne vous ôtera pas la crainte de la mort apparemment et elle est naturelle. Il l'a sentie et portée lui-même, pour nous apprendre que ce n'est pas un péché de craindre la mort, et que c'est même une vertu de craindre ce qui la suit, savoir le jugement de Dieu , pourvu que l'espérance en Dieu et la confiance en Jésus-Christ modèrent cette crainte.

J'espère que cette attaque n'aura pas de suite, et que votre infirmité « ne va point à la « mort, mais est pour la gloire de Dieu, » (*non est ad mortem, sed pro gloria Dei.*

Joan. XI, 4.), afin que vous glorifiiez Dieu par l'humiliation de votre cœur, dont l'infirmité vous est plus connue maintenant qu'avant votre maladie. Abandonnez-vous donc à Dieu, mon cher Monsieur, sans inquiétude et dans la paix de votre âme. Tout ce que vous êtes est à Dieu, et à un Dieu qui vous aime; il n'en disposera que selon son amour pour vous, et que selon les desseins de miséricorde que vous devez vous confier qu'il a sur vous de toute éternité.

Ce 7 décembre 1678.

III

Au Même.

Vous m'écrivez du jour de la résurrection de notre Maître, j'ajoute de notre Chef : car c'est cette qualité qui fait notre espérance, et qui donne droit aux membres d'attendre et de désirer la même vie, et la même gloire qu'il a reçue de son Père. *Et vitam venturi sæculi* : c'est le dernier article de notre foi dans le symbole ; et l'*adveniat regnum tuum* (que votre règne arrive) est la seconde demande de notre prière, c'est-à-dire que ce doit être le second désir de notre cœur : car la prière est l'interprète du désir, et les désirs doivent être réglés par la foi. Hé ! comment accorder cet article de foi, cette prière quotidienne et ce désir d'un cœur chrétien avec la crainte de la mort et l'amour de la vie présente ? Songez-y bien, mon cher fils en Jésus-Christ, et tâchez de faire une réflexion de foi sur ces deux paroles quand vous les direz.

Je souhaite de tout mon cœur que Dieu veuille bénir l'ouverture de cœur qu'il vous donne pour moi, et ne pas arrêter par la vue de mon indignité le cours de ses miséricordes sur vous. Je n'ai point pensé à vous empêcher de rapporter quelques exemples dans vos instructions, ni de les faire de la manière la plus utile que vous croirez. J'y donne les mains volontiers, puisque vous voulez mon suffrage sur cela. La vanité est à craindre en tout : elle est à craindre lors même qu'on semble la fuir, et elle entre par le soin même qu'on prend de la chasser. Elevez de temps en temps votre cœur à Dieu, et priez-le qu'il le purifie. Je dis au milieu même des instructions.

Ce que Dieu vous fait connaître de votre intérieur vous mortifie et vous humilie, dites-vous. Que serait-ce s'il vous en faisait connaître tout? Car Dieu nous épargne, et ne nous fait pas connaître tout ce que nous sommes. Nous ne nous pourrions pas souffrir. Témoin les saints qui se haïssent d'autant plus qu'ils avancent en sainteté, parce que la lumière de Dieu est grande, vive et plus pénétrante en eux. Haïssez-vous donc, mon cher frère, non selon ce que vous connaissez de vous-même, mais selon ce que Dieu en connaît; comme vous devez l'aimer, non selon la connaissance que vous avez de ses perfections, mais selon ce que la foi nous en enseigne, c'est-à-dire selon qu'il est au-dessus de toute notre connaissance et de nos idées.

Ce 10 avril 1679.

IV

Au Même.

Dieu n'a pas voulu que j'aie eu la consolation de vous voir, mon très-cher Monsieur, n'ayant pas permis que j'aie pu faire le voyage que j'avais prémédité de faire à —. Je suis assuré que vous n'y perdez rien, et que les miséricordes que Dieu vous veut faire ne sont pas attachées à un aussi misérable instrument. Mais continuez, mon cher frère, à vous tenir uni à Dieu, à suivre la sainteté de ses voies, et à ouvrir votre cœur à son Esprit par la prière, par l'attention sur vous-même et sur vos imperfections et vos misères, par le zèle et la soif ardente de sa justice et de la perfection chrétienne, par l'amour de sa Parole et par une fidélité inviolable à ne regarder que lui dans toutes vos actions et vos paroles. Mais tâchez de plus d'avoir une application particulière à Jésus-Christ, à ses mystères et à ses dispositions, sur lesquelles il faut jeter les yeux et un regard de foi, quand vous avez à faire quelque chose, afin de le faire dans une disposition semblable à celle de ce Chef et de ce Modèle adorable. Car le prix, la valeur et la dignité de nos actions ne peuvent venir que du rapport qu'elles ont à Jésus-Christ, et rien de ce qui se trouve en nous ne peut être agréable à Dieu qu'autant que c'est quelque chose de Jésus-Christ, son fils, en qui seul il prend sa complaisance, en qui tout lui plaît, et sans qui rien ne lui peut plaire.

Etudiez donc bien Jésus-Christ dans son Evangile, qui est sa vie et notre loi, et remplissez-vous de ses saintes et divines dispositions, qui sont l'âme de ses actions, et qui doivent être celle des nôtres. Les saints dont nous allons célébrer la fête ne se sont sanctifiés que par ce moyen, et ils ne sont ce qu'ils sont dans le ciel où ils sont tous consommés en Dieu par Jésus-Christ, que parce qu'ils ont formé Jésus-Christ en eux sur la terre, en exprimant en eux-mêmes ses vertus. Les divers ordres des saints ne sont que de différentes participations de ses perfections divines et de ses vertus divinement humaines; et de différents écoulements de la sainteté qui est en Dieu comme dans sa source et sa plénitude, et en Jésus-Christ comme dans le canal par lequel Dieu a voulu qu'elle passât en nous, sans cesser d'être en lui avec une plénitude digne du Fils de Dieu. Nous recevons de cette plénitude comme ses membres; mais plus ou moins, à proportion que nous avons plus de zèle, de ferveur et d'application à Jésus-Christ. Je le supplie de tout mon cœur de vous faire un grand saint; car il le peut, et on peut dire encore qu'il le veut, puisqu'il nous appelle tous à la sainteté en nous appelant au christianisme, et plus encore en nous appelant nous autres à son sacerdoce. Un prêtre en doit avoir et pour lui et pour les autres, mais d'une sainteté véritable, telle que Jésus-Christ même la demande à son Père pour ses apôtres et pour ses membres : *Sanctifiez-les dans la vérité!* (Jean XVII, 17.) Je vous la souhaite telle, mon cher frère en Jésus-Christ, et vous devez la demander telle aussi pour moi.

Ce 28 octobre 1679.

V

Au Même.

J'ai lu avec attention et considéré mûrement la lettre que vous m'écrivez, mon cher Monsieur, avec l'extrait qui y est joint, et je n'ai point balancé à vous dire que vous devez obéir à l'ordre de monsieur votre père, qui, ne vous demandant rien qui ne soit conforme à la loi de Dieu, a droit de vouloir être obéi. Tout ce qui est dans sa lettre ne me paraît point devoir vous alarmer, et ne vous donne aucun fondement de croire qu'il voulût vous employer aux affaires, dans l'emploi qu'il pourrait avoir. Il n'allègue que sa complexion délicate et ses fréquentes indispositions, et il ne désire autre chose que de trouver en vous une personne qui s'affectionne à sa santé, qui le secoure et le console. Ce sont là des occupations filiales et ecclésiastiques en quelque manière, principalement dans la disposition avec laquelle j'espère que Dieu vous le fera faire, et par rapport à l'occasion que cela vous donnera de vous appliquer autant et plus aux besoins de l'âme de monsieur votre père, et de lui procurer dans le ciel et pour l'éternité une vie meilleure que celle qu'il vous a donnée sur la terre et pour quelques années.

Il y a sujet de croire que ce sera là votre intendance et votre occupation, jointe à la vigilance sur un domestique où vous trouverez moyen de faire quelque chose de ce que vous faites à — à l'égard des étrangers. Vous exercerez par ce moyen l'obéissance filiale, la charité fraternelle, le zèle de la gloire de Dieu, le renoncement à vous-même, et surtout la piété particulière et le zèle pour le salut éternel d'un père, qui est ce qui distingue proprement un bon fils chrétien d'avec un bon fils païen. Notre Seigneur nous a voulu donner lui-même l'exemple de la fidélité à rendre ce que l'on doit aux parents; et s'il ne s'en est pas dispensé lorsqu'il était sur la croix et agonisant, lorsqu'il était occupé à la plus grande affaire qui ait jamais été, qui était le salut du monde, lorsqu'il offrait le plus saint de tous les sacrifices, et qu'il faisait la plus sainte fonction du sacerdoce éternel par l'oblation de son corps et de son sang; s'il a, dis-je, voulu s'appliquer en cet état à pourvoir sa sainte mère d'une consolation et d'un secours en la personne de saint Jean, n'est-ce pas pour nous apprendre ce que nous devons faire nous-mêmes à l'égard de nos parents, comme le remarque saint Chrysostôme?

Je suis donc d'avis, mon cher Monsieur, que vous écriviez à monsieur votre père comme un enfant qui met une partie de sa piété à rendre à son père tous les secours dont il est capable, et que vous lui fassiez connaître que vous n'avez pas hésité sur ce que vous aviez à faire; que ce n'est point tant ses ordres si précis (que vous respectez néanmoins extrêmement) que votre propre inclination à vous porter à tout ce que vous lui devez; et que vous vous y rendez avec d'autant plus de joie que vous êtes persuadé qu'en vous consacrant au soulagement de sa personne et à la conservation de sa santé, il ne vous ôtera point la liberté de continuer à vous consacrer à Dieu, selon les obligations de l'état ecclésiastique, et que sa piété ne lui permettra pas de vous engager à rien de contraire à la sainteté de votre ministère. Le Saint-Esprit que vous vous préparez de recevoir abondamment en cette fête, *vous enseigne toutes choses* ! (Jean XIV, 26.) Il vous fera connaître la volonté de Dieu, il vous la fera aimer, il vous la fera faire , il vous y fera persévérer, et il vous y fera trouver votre paix, votre consolation et votre joie. C'est, mon cher fils en Jésus-Christ, ce que je vous souhaite de toute la force de mon cœur. Priez Dieu pour moi comme pour celui qui est tout à vous.

A Paris, ce 3 juin 1680.

VI

Au Même.

Le mal que vous sentez présentement à la tête est plus fâcheux que celui que vous craignez seulement pour l'avenir, mon cher Monsieur. Comment cela vous est-il arrivé ? Avez-vous fait quelque effort d'application ou de travail? Sont-ce seulement les grandes chaleurs, ou la grande sécheresse ? Si c'est cette dernière cause, il y a sujet d'espérer que cela ne durera pas longtemps. Cependant, comme il y a du temps que vous n'avez désemparé de votre séjour ordinaire, je serais fort d'avis que vous prissiez ce temps où vous ne pouvez pas vous appliquer pour faire un voyage qui par son mouvement pourrait remettre votre tête dans son premier état. Vous donneriez en même temps à monsieur votre père la satisfaction qu'il désire, et qu'il pourrait exiger de vous dans un temps où vous le pourriez mieux employer qu'à courir le pays. Si vous ne trouvez pas à propos de faire un si grand voyage, je vous conseille d'en faire quelque autre qui vous puisse un peu divertir, et vous faire retrouver la liberté de votre tête.

Cependant il faut porter cet état d'impuissance en esprit de pénitence et avec une parfaite soumission à l'ordre de Dieu et aux desseins de Jésus-Christ à qui nous appartenons plus qu'à nous-mêmes, et qui sait mieux que nous ce que notre santé ou notre maladie peut apporter d'utilité et d'avantage à sa gloire et à son Eglise. On lui est souvent plus utile par un humble silence, et par l'acceptation d'une captivité et d'une impuissance contraires à notre inclination, que par un travail où l'empressement de notre naturel et notre inclination ont quelquefois plus de part que la volonté de Dieu. Au moins sommes-nous assurés, dans cette impuissance qui n'est point de notre choix, que nous ne faisons point notre volonté; et c'est presque être assuré que l'on fait celle de Dieu. Vous devez même remercier Dieu d'avoir veillé sur vous, et de vous avoir arrêté dans l'empressement que vous sentiez pour vous porter à l'action. Car c'est une très-grande miséricorde que d'être arrêté dans ses inclinations, et surtout quand il est question de travailler à l'œuvre de Dieu, où nous devons être poussés purement par l'Esprit de Dieu. Ces sortes de délais sont précieux, quand ils viennent de cet Esprit de qui nous de vons dépendre si absolument, et ce sont des temps aimables à tous ceux qui aiment à se laisser conduire par la main de Dieu. Adorez, aimez, et baisez cette main adorable et aimable, et laissez-vous conduire comme un vrai enfant de son cœur et de son amour. J'aime bien mieux que vous preniez cette qualité que celle que vous prenez à mon égard. Ce n'est pas que je ne sente un cœur et des entrailles de père pour vous. Mais j'ai honte de m'approprier un fils que Dieu a formé par lui-même dans ce qu'il y a de bien en lui, et que je supplie d'achever de former pour tout le bien auquel il le voudra appliquer. *Que le Dieu de paix qui a ressuscité d'entre les morts Jésus-Christ notre Seigneur, qui, par le sang du testament éternel, est devenu le grand pasteur des brebis, vous rende disposé à toute bonne œuvre, afin que vous fassiez sa volonté, lui-même faisant en vous ce qui lui est agréable par Jésus-Christ, auquel soit gloire dans les siècles des siècles!* (Hébr. XIII, 20, 21.)

Ce 24 juillet 1684.

VII

Au Même.

J'ai reçu, mon très-cher frère et comprêtre, votre lettre du 19 juillet, où j'ai appris votre aventure arrivée dans l'octave de l'Ascension. Elle m'a fait souvenir d'un très-bon prêtre de l'Oratoire, nommé le père de Saint-Pé, qui, le jour même de l'Ascension, prêchant à Saint-Magloire, souffrit une éclipse de mémoire au milieu de son sermon. L'histoire dit qu'il s'était plus préparé qu'à l'ordinaire, et qu'il croyait que c'était pour cela que Dieu l'avait un peu laissé à lui-même : car ordinairement il donnait beaucoup à la plénitude de son cœur que Dieu remplissait plus que les livres. Il ne se déconcerta point dans cette occasion. Il avoua à son auditoire que sa mémoire lui manquait, il le convia à prier Dieu avec lui, pour lui aider à se remettre dans son chemin : il se relève, il continue, et continue de s'égarer. Alors levant les yeux et les mains au ciel, il s'adressa à Dieu en lui disant : Mon Dieu, vous voulez m'humilier, je l'accepte de tout mon cœur. Sur ce qu'on le voulait consoler le soir, et l'exhorter à ne pas quitter pour cela, il fit bien voir qu'il ne croyait pas qu'un brave doive quitter l'armée pour avoir été blessé ; il prêcha le dimanche d'après. Il concevait bien que, loin de s'étonner qu'on soit quelquefois humilié dans cet emploi, on doit craindre de ne l'être jamais. Ce n'est donc pas pour chasser de la chaire un prédicateur que Dieu l'humilie, mais pour le sanctifier dans la chaire, pour lui apprendre à dépendre de lui, à ne s'appuyer pas sur un bras de chair, et pour l'éprouver et lui faire connaître à lui-même s'il craint l'humiliation, et par conséquent s'il n'a point quelque secrète complaisance pour l'estime et l'approbation du monde. Dans quelques fonctions de notre ministère que ce soit, il faut que nous ayons toujours devant les yeux cette vérité, que nous sommes envoyés comme Jésus-Christ, pour continuer son ministère en la manière qu'il l'a exercé au milieu des humiliations. Il en a été rassasié, et nous n'avons que les restes ; nous ne goûtons au calice que du bord des lèvres; mais au moins ne refusons pas cette petite conformité avec notre souverain Prêtre. Donnons-nous à lui pour le servir en sa manière, en nous tenant dans sa main, et en la baisant comme une main de bénédiction, autant quand elle corrige et humilie que quand elle verse des douceurs et qu'elle caresse.

Je suis fort de l'avis de ce bon ecclésiastique qui croit que vous devez ne vous pas fier à votre mémoire ni en dépendre. Il ne faut pas négliger de se préparer; il faut faire le plan de son discours, s'en rendre le partage fort présent, mettre ses preuves en ordre, méditer, ruminer, rouler tout cela dans son esprit devant Dieu, et parler de l'abondance d'un cœur qu'on aura eu plus de soin de remplir que la mémoire. Il faut pourtant distinguer les lieux et les personnes devant qui on doit parler, et assurément il faut plus d'étude et de préparation devant l'auditoire d'une cathédrale que devant des paysans ou des religieuses. Je ne prétends pas que vous deviez embrasser tout ce qui se présentera. Votre poitrine n'y suffirait pas et votre santé serait bientôt ruinée. Il faut considérer et l'autorité qui vous appelle et le fruit qu'il y a à espérer. Adieu, mon cher prédicateur humilié. Je vous aime sous cette livrée de Jésus-Christ, parce qu'il vous aime : *Ne vous lassez point de souffrir; Dieu vous traite en cela comme son enfant. Relevez donc vos mains languissantes et fortifiez vos genoux affaiblis.* (Hébr. XII, 7, 12.) Voyez le reste, et me croyez très-cordialement à vous en notre Seigneur Jésus-Christ.

VIII

Au Même.

Votre lettre du 2 avril, mon très-cher frère, m'a mis à nu un cœur que j'aime bien à connaître, que j'aime à aider, selon qu'il plaît à Dieu de m'en donner le moyen, et que j'aime, pour ainsi dire, à aimer; de sorte que, s'il suffisait d'avoir cette connaissance, ce désir et cette amitié, pour lui être utile dans ce qu'il exige de moi, je pourrais espérer avec la grâce de Dieu d'y satisfaire. Mais outre qu'il faut plus de lumière et de jugement que je n'en ai pour juger de ce que Dieu demande de lui, il faudrait que, pour décider un procès qui est entre vous et votre prochain, vous comme prédicateur et votre prochain comme auditeur, je fusse moi-même et prédicateur et auditeur, afin de mieux connaître ce que vous avez de talent pour la prédication, et quel peut être le fruit que les vôtres font dans vos auditeurs. Cependant je ne laisserai pas de vous dire ce qu'il m'en semble sur votre exposé.

Comme vous êtes pour l'Eglise, son utilité doit beaucoup servir à vous déterminer sur cet emploi. Il arrive quelquefois que, quelque peine qu'un prédicateur ait en lui-même, il n'y a que lui qui la sent, et que son auditoire ne s'en aperçoit pas, mais au contraire est content du prédicateur et édifié de la prédication. Mais il faut acheter le profit de ses frères au prix du travail, à moins que cela n'allât à ruiner la santé et à mettre hors d'état de rendre des services plus considérables à l'Eglise. Il y a aussi des lieux où le besoin est extrême de personnes qui rompent le pain de la Parole de Dieu : *Non adulterantes verbum Dei, sed ex sinceritate, sed sicut ex Deo, coram Deo, in Christo.* (Ne corrompant pas la Parole de Dieu, mais la prêchant avec une entière sincérité, comme de la part de Dieu, en la présence de Dieu, et dans la personne de Jésus-Christ. 2 Cor. II, 17.) Dans ce besoin, il faut que la charité pour les enfants de Dieu dont les âmes meurent de faim, délie la langue de ceux qui sont leurs pères par le sacerdoce, quelque difficulté qu'ils y sentent, comme l'extrême nécessité du corps doit délier la bourse des moins accommodés pour secourir leurs frères. C'est l'état où sont ordinairement les provinces éloignées de Paris. Mais comme votre chapitre est bien fourni de bons ecclésiastiques, et la ville d'autres ouvriers, peut-être le besoin n'y est-il pas si grand : outre que le profit que l'on fait dans la prédication n'est pas dans deux ou trois panégyriques qu'on fera dans une année, mais dans une suite de bons sermons ou d'instructions solides dans lesquelles on peut faire connaître à fond les vérités évangéliques. Mais ce que vous me marquez de la peine que vous avez à composer, à apprendre et à prononcer (quoiqu'elle ne soit peut-être pas si grande que vous la croyez), et outre cela votre peu de forces pour une suite d'actions publiques me font croire que vous ne pourriez pas remplir un carême ni un avent plein et entier. Je donnerais donc assez aisément les mains à ce que vous sentez en vous d'inclination à vous défendre de ces prédications qui consistent en panégyriques et en sermons d'appareil et de mémoire ; en vous laissant néanmoins la liberté de ne pas refuser en certaines occasions où vous croiriez que la charité ou d'autres bonnes considérations vous engageraient à accepter quelques sermons.

Ce que vous me dites de l'ancienne coutume de prêcher par homélies, en expliquant l'Ecriture par réflexions interrompues par la lecture de l'Ecriture même, réveille le désir que j'ai depuis longtemps dans le cœur que l'on prêchât de cette manière. Il y aurait assurément, et plus de profit pour les auditeurs qui apprendraient et verraient dans la source même les maximes de Jésus-Christ et les obligations à la sainteté, et moins de peine pour les prédicateurs, et plus de bénédiction pour les uns et les autres. Je sais que des pères de l'Oratoire l'ont fait dans plusieurs villes, à Rouen, à Amiens et ailleurs, et qu'ils étaient suivis, goûtés et consolés par le profit. Je suis dans une ville où un religieux savant et pieux le fait régulièrement tous les dimanches, le Livre à la main, expliquant saint Paul de suite d'une manière familière, utile et instructive. Il ne serait donc pas impossible de faire quelque chose de semblable au lieu où vous êtes. Mais afin que cela se fît sans contradiction, on pourrait prendre des mesures, commencer par quelque petit monastère où l'on ferait cela à la grille comme pour les religieuses seules et un petit nombre de survenants, ne se servir que d'un Nouveau-Testament français qui ne soit pas en butte, comme de celui de M. l'évêque de Vence, le proposer même au prélat, et lui faire goûter cette manière, afin de l'engager à la soutenir si elle était attaquée. Cette manière dispense de beaucoup de servitudes que les prédicateurs se sont faites dans leur métier dont ils font un art tout humain. Ce que M. le Tourneux a fait dans son *Année chrétienne* est un modèle sur lequel on pourrait se régler. J'ai vu un auteur nommé *Joannes Ferus* (Jean Ferry), cordelier du dernier siècle et prédicateur ordinaire de l'Eglise de Mayence, qui a prêché de cette manière, comme on le voit par ses homélies sur saint Matthieu, sur saint Jean, sur les Actes et sur quelques prophètes, qui sont imprimées et que l'on trouve assez communément parmi les vieux livres, ou en des volumes séparés in-8°, ou dans un in-folio ou plusieurs in-folio. Vous verrez si Dieu vous met cela dans le cœur, et s'il s'y trouve quelque ouverture. Il y a mille biens à espérer de cette manière d'instruire. On fait connaître Jésus-Christ aux fidèles. On leur fait mettre le doigt et les yeux sur les vérités; et il y a dans le fond de leurs cœurs une inclination pour la Parole de Dieu, semblable à celle qu'on a pour le pain, qui fait recevoir avec goût et avec avidité cette nourriture divine.

J'ai pu vous proposer de prendre à l'autel

de quoi dire à la messe ; mais je n'ai pas prétendu vous en faire une loi, et attendu ce que vous proposez de vos difficultés, il est bon d'y apporter plus de préparation. Accoutumez - vous pourtant toujours à parler sur-le-champ à vos enfants de chœur, afin que cela serve à vous fortifier dans cette habitude, qu'il est bon de former et de perfectionner.

Je ne sais que vous dire sur l'oraison dont vous me parlez, ni sur les différentes manières de faire oraison ; et je vous dirais volontiers : *Dilige et quod vis fac ; unctio docet vos.* (Aimez et faites ce que vous voudrez ; l'onction d'en haut vous enseigne.) Il y a dans l'Esprit de Dieu une si grande fécondité et une diversité si admirable de manières de se communiquer aux âmes et de les appliquer à lui, à ses vérités, à ses mystères, et d'en répandre dans leur cœur l'esprit et la grâce, qu'il faut être aussi réservé à en juger en mauvaise part, qu'à donner la préférence à celles-ci ou à celles-là. Je sais, en général, que le prophète David met le bonheur de l'homme en cette vie à méditer jour et nuit la loi de Dieu (Ps. I, 2), et comme Jésus-Christ est notre Deutéronome, notre seconde loi, c'est aussi Jésus-Christ qu'il faut étudier et méditer jour et nuit. Il s'est peint lui-même dans son Evangile et dans les écrits des apôtres. C'est dans cette parole adorable que les saints de tous les siècles l'ont étudié, l'ont adoré, l'ont médité ; qu'ils ont travaillé à se remplir de sa vérité, à recevoir l'intelligence de ses maximes, à en concevoir de l'amour par le désir de l'imiter, de porter sa ressemblance, de la former en eux ; et c'est quand il y est formé par une foi vive, qu'on peut dire qu'il y habite par la foi. Ceux donc qui le cherchent dans leur cœur, supposent qu'il y est formé, comme il l'est en effet dans tous les justes, plus ou moins selon la perfection de leur justice ; et il y a sujet de craindre que nous ne le trouvions souvent bien enfant, bien faible et bien peu fortifié dans notre cœur. Car enfin ce Jésus-Christ qui habite dans nos cœurs par la foi, c'est nous-mêmes comme renouvelés par l'Esprit de Dieu, comme fortifiés dans l'homme intérieur, comme enracinés et fondés dans la charité par la grâce de Jésus-Christ, comme portant sa ressemblance, comme entrant dans ses inclinations, comme exerçant ses vertus, comme agissant par son Esprit, comme le représentant dans la sainteté de ses mœurs, comme continuant sa vie sur la terre, comme aspirant sans cesse à être réunis avec lui, et travaillant à porter sa mortification dans notre cœur et dans notre chair, afin de porter sa vie nouvelle et ressuscitée dans l'un et dans l'autre après la fin de notre course et la fin de celle de l'Eglise. Voyez vous-même le passage et de quelles paroles il est formé : *Det vobis virtute corroborari per Spiritum ejus in interiorem hominem, Christum habitare per fidem in cordibus vestris, in charitate radicati et fundati.* (Que selon les richesses de sa gloire il vous fortifie dans l'homme intérieur par son Saint-Esprit, et qu'il fasse que Jésus-Christ habite par la foi dans vos cœurs, étant enracinés et fondés dans la charité. Ephés. III, 16, 17.) Ainsi cette présence et cette inhabitation, cette formation de Jésus-Christ en nos cœurs est l'œuvre à laquelle nous devons travailler, et qui n'est encore qu'ébauchée en cette vie dans les plus parfaits. C'est une habitation morale et mystique... Dieu, le père de Jésus-Christ et notre père, est sans doute dans nos cœurs intimement présent; cependant notre Seigneur, en parlant de lui, se plaît à nous le montrer dans le ciel : *Pater meus qui in cœlis est* (Mon Père qui est dans le ciel. MATTH. XVI, 17); et il nous ordonne de le regarder dans le ciel par notre foi quand nous le prions : *Pater noster qui es in cœlis.* (Notre Père qui êtes dans les cieux. MATTH. VI, 9.) L'apôtre m'apprend aussi à le chercher en haut : *Si consurrexistis cum Christo, quæ sursum sunt quærite, ubi Christus est in dextera Dei sedens.* (Si donc vous êtes ressuscités avec Jésus-Christ , recherchez ce qui est dans le ciel , où Jésus-Christ est assis à la droite de Dieu. COL. III , 1.) Le symbole même et les Ecritures semblent tout appliqués , non à nous faire considérer Jésus-Christ rabaissé dans notre cœur, mais à élever notre cœur à Jésus-Christ résidant à la droite de Dieu son Père, où nous devons tendre par tous nos désirs, par toutes nos actions, et par tout l'amour de notre cœur : *Sursum corda.* (Nos cœurs en haut !)

Il faut donc prendre garde, mon cher fils et mon aimable frère, à ne fonder pas des voies d'oraison sur des paroles de l'Ecriture mal entendues, mais à marcher toujours dans la simplicité de la foi, dans la vérité de l'adoration chrétienne, et dans l'esprit réel et véritable de la Parole de Dieu. Ces derniers siècles ont été merveilleusement féconds en nouvelles voies. Mais, sans les blâmer, tant qu'elles ne s'écarteront point du sentier de la foi, et qu'elles ne tireront point les âmes de l'esprit de l'Evangile, je croirai toujours plus sûre et moins sujette aux abus la voie dans laquelle ont marché les saints des douze premiers siècles, qui est de méditer la vie et les maximes de Jésus-Christ dans sa Parole, et de lui rendre tous les devoirs de la religion dans la simplicité de la foi. Je ne nie pas que Dieu ne fasse marcher quelques âmes privilégiées par des routes singulières ; mais la sainteté de leur vie autorise la singularité de leur voie, et la singularité de leur voie doit faire comprendre qu'il n'en faut pas faire une voie commune pour tout le monde.

On se laisse prendre quelquefois à des manières de parler mystiques qui ne disent autre chose que ce que disent d'autres façons de parler plus communes et plus intelligibles. Par exemple : *se cacher dans les plaies du Sauveur pour y être lavé et réformé.* Un saint Bernard et d'autres saints s'en sont servis dans les transports de leur amour. Un grand nombre d'ames dévotes les ont mises en usage, souvent sans les entendre et sans ressentir ce que saint Bernard sentait et retraçait en lui par ces paroles , qui veulent dire qu'il n'a de confiance qu'en la grâce que Jésus-Christ lui a méritée par ses plaies et par sa mort ; que le souvenir de cette mort le comble de joie, le remplit de reconnaissance , lui donne une parfaite confiance en lui, et qu'il n'a recours qu'à lui dans toutes ses peines et dans tous ses besoins, ne s'appuyant que sur sa grâce , et n'attendant de protection contre le diable, contre le monde, contre lui-même, que de Jésus-Christ mourant pour lui sur la croix , afin de lui mériter le pardon de ses péchés et tous les secours dont il a besoin. Il est donc permis de se servir de ces façons de parler, quand on est pénétré des sentiments de saint Bernard. Mais il est dangereux de faire un langage commun de ces façons de parler mystiques, parce que bien des gens en abusent, et qu'une dévote nourrit souvent sa vanité de ce langage mystique, sans avoir rien de ce qu'il signifie.

C'est de là qu'est venu le quiétisme et ces autres méthodes d'oraison extraordinaires et illusoires, dont il est bon de couper la racine dans les filles et les femmes, en les conduisant par une voie commune et bien évangélique. L'imagination a beaucoup de part à tout cela ; c'est pourquoi le sexe dont l'imagination est plus faible et moins réglée se laisse plus ordinairement emporter aux voies mystiques et extraordinaires, qui leur font perdre de vue leurs défauts et leurs misères, et l'obligation qu'elles ont de travailler à mortifier leurs passions. Mais comme j'ai déjà dit, je mets grande différence entre ces sortes de personnes imparfaites et les ames vraiment saintes et mortifiées, et qui entendent bien

ce langage , parce qu'il est fondé dans la vérité de ce qui se passe dans leur cœur, et que
c'est comme un chiffre dont elles se servent
pour marquer en abrégé beaucoup de choses,
beaucoup de dispositions réelles et de devoirs qu'elles sont fidèles à rendre à Dieu et
à Jésus-Christ.

Si ce n'était qu'une certaine douceur sensible, elle serait aussi suspecte qu'est souvent
illusoire la compassion qu'on excite en soi-
même par la force de l'imagination à la vue
de Jésus-Christ crucifié et de ses plaies. Cette
vue, qui doit être une vue de foi , ne doit pas
faire le même effet que celle que fait dans un
enfant la vue ou la nouvelle de la mort de son
père. C'est souvent l'intérêt, l'accoutumance,
la tendresse naturelle, qui excite ces mouvements dans un fils, ou dans une femme ou un
mari. L'adoration de la bonté de Dieu, la reconnaissance , la volonté de répondre aux
desseins de Dieu dans la mort de son Fils, la
haine du péché, la mortification de nos passions, la confiance dans la grâce qu'il nous a
méritée, et d'autres semblables devoirs sont
les sentiments que doit exciter en nous la

mort de Jésus-Christ. Mais la joie même y entre ; et un tressaillement de joie de ce qu'il a plu à Dieu de nous donner son Fils pour être la victime de nos péchés, et de ce que ce Fils adorable a bien voulu mourir pour nous. C'est là notre bonheur, et nous y sommes insensibles si nous n'en avons pas de la joie. Ainsi je voudrais que les prédicateurs s'appliquassent moins à exciter cette compassion sensible, comme ils font quasi uniquement par des descriptions pathétiques, qu'à faire comprendre aux chrétiens ce qu'ils doivent faire pour reconnaître ce bienfait et les desseins de Dieu dans ces mystères.

Vous jugez bien que par ce que j'ai dit, je n'ai garde de prétendre qu'on ne doive pas descendre dans son cœur pour l'étudier, pour en considérer les besoins, pour s'y renfermer et s'y recueillir, pour y remarquer ce que Dieu y opère, pour y adorer même Jésus-Christ opérant en nous et se formant en nous par sa grâce. Tout cela est bon, excellent, nécessaire ; mais je crois aussi qu'il est bon de n'y tenir pas Jésus-Christ captif et resserré, et qu'on peut quelquefois le suivre dans son état de puissance et de force à la droite de son Père, où il fait pour nous l'office de Médiateur et d'Avocat.

En voilà assez pour un coup ; et quoiqu'il y eût beaucoup de choses à dire sur tout cela, je parle à un prêtre qui sait la loi de Dieu, et de qui je voudrais l'apprendre. Priez Dieu pour moi, mon cher frère ; priez aussi beaucoup pour l'Eglise, et ayez soin d'appliquer à ses besoins et de faire prier pour elle les ames que vous connaissez agréables à Dieu. Les besoins sont grands et croissent tous les jours. Il faut aussi croître en zèle , en sollicitude et en amour pour notre mère.

Ce—mai 1688.

IX

AU MÊME.

Il me semble, mon cher ami, qu'un changement si considérable dans votre vie ne pourrait se faire sans de grandes raisons. Car vous savez aussi bien que moi que l'usage de notre vie et de nos talents ne se règle pas au hasard, qu'il faut que Dieu fasse connaître sa volonté, et qu'il n'y a point à balancer quand on l'a une fois connue. Je n'ai pas douté jusqu'à présent que l'ordre de Dieu sur vous ne fût que vous fissiez ce que vous faisiez avant votre maladie. La bénédiction que Dieu vous a donnée est une marque de sa volonté pour cet emploi ; et il me semble que quand Dieu viendra une autre fois à vous par la maladie pour vous retirer à lui, il faut que vous soyez trouvé travaillant à l'œuvre qu'il vous a donnée à faire, et distribuant aux ames qu'il vous a données à nourrir le pain de sa vérité et de ses instructions, si vous voulez avoir part à la béatitude du bon serviteur, *que son Maître a établi sur tous ses serviteurs, pour leur distribuer dans le temps la nourriture dont ils ont besoin. Heureux ce serviteur, si son Maître, à son arrivée, le trouve agissant de la sorte !* (Matth. XXIV, 45, 46.) *Sic facientem. —* Sic, sic, sic, *et non aliter vel aliud facientem.*

Votre dernière maladie n'a pas fait en

vous ce que fit dans saint Martin la dernière
de sa vie, qui le trouva et l'enracina encore
davantage dans l'amour du travail, lorsqu'il
touchait déjà à ce repos éternel qu'il avait si
bien mérité. Mais enfin, mon cher frère,
comme l'amour du travail dans ce grand
saint n'empêchait pas que Dieu ne le voulût
dans son repos, l'amour du repos et de la
contemplation qui vous est venu n'empêche
pas que Dieu ne vous veuille dans le travail.
C'est même une grâce de Dieu dans ceux qui
doivent y vivre, d'être rappelés souvent des
occupations extérieures à l'occupation inté-
rieure de l'ame, pour pouvoir par ce moyen
servir Dieu, comme les anges, sur la terre,
sans perdre de vue l'objet de leur béatitude.
Je vous condamne donc au travail, mon cher
fils, c'est-à-dire que je vous condamne à faire
la volonté de Dieu, et à lui témoigner, en
vous appliquant au salut des ames, la reconnaissance que vous lui devez de l'application
qu'il a toujours eue au salut et à la sanctification de la vôtre. C'est y travailler vous-
même que de servir le prochain ; et vous savez bien ce que dit saint Jean Chrysostôme,

qu'il ne croyait pas qu'un prêtre se pût sauver seul, et qu'il fallait qu'il sauvât quelqu'un avec lui. En effet, pour qui sommes-nous prêtres? Est-ce pour nous? N'est-ce pas pour l'Eglise? n'est-ce pas pour le prochain? Vous l'avez lu sans doute dans saint Augustin, que nous sommes chrétiens pour nous-mêmes, mais que nous sommes prêtres pour les autres. Ne laissez pas néanmoins de remercier Dieu de l'attrait qu'il vous a donné pour le saint repos que cherche l'amour de la vérité; quoique la nécessité de l'amour du prochain vous oblige d'embrasser une occupation qui est de justice, puisque rien n'est plus juste que d'employer notre sacerdoce selon l'intention de Celui qui nous a fait un si grand don : *Otium sanctum quœrit charitas veritatis; negotium justum suscipit necessitas charitatis.* (L'amour de la vérité recherche un saint repos; l'obligation de la charité fait entreprendre un travail auquel il est juste de se livrer.)

Ce 21 novembre 1689.

X

Au Même.

Je sais que vous m'avez écrit depuis peu, mon très-cher frère ; mais je ne sais par quel malheur votre lettre n'est point venue jusqu'à moi. Si elle est perdue sans ressource, elle ne l'est pas seule ; car elle était dans un assez gros paquet pour lequel on avait, ce me semble, pris toutes les précautions nécessaires. Mais Dieu se plaît à nous faire sentir quelquefois de petites privations qu'il faut recevoir comme de sa main.

Je ne sais si vous savez que j'en ai eu une à porter depuis environ quatre mois, Dieu ayant trouvé bon de m'ôter mon ami, en le retirant à lui le 23 octobre dernier. J'entends parler de M. Cordier, de la rue des Prouvelles, à qui vous avez adressé quelquefois des lettres pour moi. C'était un ami qui m'était bien cher, et qui avait toutes les vertus civiles et chrétiennes en un degré non commun. Je ne l'avais jamais vu à Paris qu'une après-dînée, dans un rendez-vous qu'on m'avait donné chez lui. Il entra à l'Oratoire pendant que j'étais à Orléans, et quelques années après, Dieu me l'envoya là, comme uniquement pour me le donner. Il quitta Orléans pour la même raison que moi, et il vint en ces quartiers quelque temps après moi, passa quelques mois auprès de nous, et alla demeurer à Mons, où il a beaucoup édifié et été utile à beaucoup de personnes, quoiqu'il n'eût aucun ordre; car il n'a jamais pu souffrir qu'on lui en fît recevoir aucun. Enfin madame sa mère l'obligea de retourner après la déclaration de la guerre, et il est mort chez elle, où il avait toujours demeuré depuis contre son inclination. J'avais eu bien envie qu'il vous fût uni et lui à vous. Ce sera dans le ciel que nous le verrons. J'avais eu dessein de vous avertir de cette séparation, mais en différant de semaine en semaine, je trouve qu'il s'est déjà passé la huitième partie de la nouvelle année sans que je l'aie fait.

Quoique cette nouvelle année soit déjà vieille, je ne laisserai pas de vous la souhaiter heureuse et abondante en toutes sortes de bénédictions. J'entends de celles du ciel;

car pour celles de la terre, il les faut laisser aux enfants de la terre, héritiers d'Esaü. Mais pour nous qui avons cette confiance que nous sommes partie de l'Israël de Dieu et les héritiers des promesses célestes, que l'effet de ces promesses soit l'unique objet de nos désirs et de l'ambition de notre cœur ! C'est par la foi et par l'espérance de cet héritage invisible et de cette bénédiction éternelle que l'on se soutient dans le travail et que l'on porte avec patience tout ce que l'on voit sur la terre ou d'iniquité, ou d'afflictions, ou de misères encore plus affligeantes que ce qu'on appelle afflictions. Vous êtes d'un métier à en voir plus que d'autres, et vous devez aussi, mon très-cher frère, être plus qu'un autre un homme de gémissements et de désirs. Ce que Dieu vous en découvre, n'est pas toujours en état d'être guéri, mais il est toujours propre à être pleuré, toujours propre à allumer en vous un nouveau zèle pour la maison de Dieu et une nouvelle faim de la justice. Je supplie Celui qui a promis que cette faim serait rassasiée, de daigner vous donner cette consolation en partie dans cette vie, en attendant ce plein rassasiement qui est réservé pour la cité où habite la justice éternelle, et où Dieu même sera la perfection de la charité et la plénitude de la justice.

Ce 13 février 1694.

XI

A UNE DAME.

Vous faites bien, Madame, de vous accommoder avec les personnes : la charité demande qu'on le fasse, quand la vérité n'en souffre rien. Car la charité ne doit pas seulement couvrir la multitude des fautes du prochain, mais encore ses ignorances, ses préventions, ses faiblesses, ses mauvaises délicatesses, ses scrupules mal fondés, et toutes ses autres pauvretés, qui n'empêchent pas très-souvent que les ames ne soient très-agréables à Dieu, parce qu'elles viennent assez souvent de son amour même, quoique peu éclairé. Il faut même éviter ce qui leur peut faire peine, quand ce n'est pas une chose visiblement utile. Si c'est pour une bonne œuvre qu'on vous a voulu lapider, c'est là votre gloire devant le Seigneur. Il y aura toujours à gagner pour vous, Madame, d'être regardée du monde de mauvais œil ; et vous devez trouver beaucoup de consolation dans cette parole du Seigneur : *Si vous étiez du monde, le monde aimerait ce qui serait à lui ; mais parce que vous n'êtes pas du monde, et qu'au contraire je vous ai choisis pour vous en séparer, c'est pour cela que le monde vous porte de la haine et ne vous peut souffrir* (Jean, XV, 19). Mais puisqu'il est certain qu'autant que nous lui déplaisons par cet endroit, autant nous sommes plus agréables à Dieu, et plus au goût de Jésus-Christ, à quoi devons-nous travailler avec plus d'assiduité, qu'à nous efforcer de lui déplaire, en nous conformant à notre divin Maître, et en croissant dans l'amour de sa Loi et de son Évangile ?

Je ne saurais vous dire, Madame, combien vous me réjouissez de m'apprendre que vous avez enfin une personne telle que vous la désirez auprès de vos chers enfants. Je n'en aurais pas plus de consolation, si c'étaient mes neveux. C'est un don de Dieu. Il ne faut pas s'amuser en ces occasions à regarder ni à droite ni à gauche : il faut élever ses yeux vers Dieu, qui est la source de tous les dons salutaires, et le bénir pour la grande charité qu'il a pour ceux qui espèrent en lui. Vous voyez bien, Madame, qu'il tient parole, et que l'espérance n'est pas trompeuse quand on n'en a qu'en lui. Il a promis qu'il prendrait soin de la veuve et de l'orphelin. Il n'y a pas manqué dans son temps ; il a voulu que vous en connussiez bien le besoin avant de vous le donner, et que vos prières le sollicitassent avant que de l'obtenir. Il le faut conserver et en tirer tous les avantages par les mêmes moyens, par une grande confiance et par un fréquent recours, puisque l'on dépend toujours de lui. Car ce n'est pas tout d'avoir reçu un homme de la main de Dieu ; il est besoin que Dieu l'applique, lui ouvre l'esprit et le cœur, et lui fasse la grâce d'employer utilement ses talents ; et il faut encore qu'il donne aux disciples un cœur docile, et qu'il leur fasse recevoir la semence qu'on jettera dans

leurs esprits et dans leurs cœurs , d'une manière propre à la faire germer et à porter les
fruits qu'on en doit attendre. C'est pourquoi
il ne faut pas qu'une mère cesse de lever les
mains au ciel , et d'apprendre à ses jeunes
élèves à offrir aussi souvent leurs petits cœurs
à Celui qui les a formés, et qui y a mis toutes
les bonnes dispositions qui s'y trouvent pour
le bien.

Espérez contre toute espérance, et Dieu
vous fera miséricorde contre toute apparence.
Vous êtes mère , et il est Père ; mais vous ne
pouvez rien, et il peut tout. Jetez donc dans
son sein toutes vos inquiétudes et toute votre sollicitude de mère, afin qu'il fasse ce qu'il
vous ordonne d'espérer d'un Père , dont la
puissance égale la bonté , et en qui l'une et
l'autre sont infinies. C'est dans cette sollicitude que votre vie se passera, Madame, et
c'est par elle que vous vous préparerez au dernier acte de votre sacrifice. Votre famille est
pour ainsi dire votre Eglise , comme l'Eglise
est la famille de Jésus-Christ. Il a consumé
sa vie pour elle dans les travaux, dans les humiliations, dans les sollicitudes, dans le gé-

missement, dans la douleur, et il est mort en l'enfantant à Dieu par ses plaies. C'est le modèle qu'il vous donne, Madame, de ce que vous devez faire pour votre petite Eglise. Il faut la porter dans votre cœur pour Dieu, la lui offrir comme notre Seigneur a offert la sienne, tout faire et tout souffrir pour elle, et enfin tâcher de pouvoir dire jusqu'à la mort, à son exemple : *Je me sanctifie moi-même pour eux, afin qu'ils soient sanctifiés en vérité.* (Jean, XVII, 59.) Ne dites donc pas, Madame, que vous n'avez pas le temps de vous préparer à ce sacrifice ; car tout ce que vous voyez qui vous empêche de vous y préparer, en est la préparation, puisque vous ne faites rien qui ne soit renfermé dans l'ordre de vos devoirs, et qu'il n'y a qu'à animer cela par une grande union à la volonté de Dieu, un vrai désir de lui plaire en tout, une soumission sincère aux peines et aux fatigues qui traversent votre vie, la présence de Dieu la moins interrompue qu'il sera possible, un gémissement de cœur qui soit une continuelle prière aux yeux de Dieu, et un grand amour pour sa loi. Voilà, Madame, à quoi doit tendre votre ambition, et non pas à être dans un coin du monde, comme vous témoignez le désirer. Cela est bon, excellent, désirable, et quand Dieu l'accorde on est heureux, pourvu que le reste accompagne; mais dans l'incertitude de le pouvoir obtenir, il faut, en l'état où on se trouve, au milieu de la salle du palais, et partout où Dieu nous conduit, faire tout ce qu'on voudrait faire en ce coin du monde. Je vous souhaite, Madame, la grâce de notre Seigneur Jésus-Christ pour y être fidèle, et je suis en lui votre très-humble, etc.

XII

A LA MÊME.

Qu'on est heureux, Madame, quand, voyant couler les années avec une précipitation qui nous surprend si fort, on nourrit un vrai désir d'en voir bientôt la fin, afin de voir en même temps la fin du péché en nous, et le commencement du règne parfait de Jésus-Christ dans son corps mystique , et de Dieu en Jésus-Christ ! C'est ce que la fin et le commencement des années nous devraient mettre toujours devant les yeux, en allumant dans notre cœur un désir ardent de l'avénement du Fils de Dieu. Il faut, Madame, pour mériter cette grâce, travailler pendant le cours de notre exil à l'établissement de ce règne , chacun selon son état. Car, puisque Jésus-Christ viendra quand le nombre de ses élus sera accompli , nous avançons le règne de Dieu et l'avénement de Jésus-Christ, quand nous travaillons à lui préparer les voies dans les ames qu'il nous a confiées. La moisson se fera quand le froment sera mûr, et le temps de la maturité avancera autant que l'on cultivera la terre, qu'on arrosera le plan , et que l'on coopérera avec le soleil de justice qui échauffe la terre, envoie la pluie, et donne l'accroissement par sa grâce toute-puissante. Dieu veuille bénir votre champ, Madame, et faire par sa bonté, que ces deux ou trois petits épis que vous arrosez, et dont vous avez tant de soin , soient dignes d'être et de devenir le froment de Dieu, et vous avec eux. Conservez-vous pour eux, je vous en prie, et me croyez pour jamais tout à vous en Jésus-Christ.

Ce 20 janvier.

XIII

A LA MÊME.

Hélas! je m'en doutais bien quand je vous écrivis, que vous étiez malade, Madame; mais je ne sais par quel malheur ma lettre, s'étant échappée d'entre plusieurs, elle tomba à terre et ne fut point envoyée avec les autres. C'était, comme vous voyez, un jour avant que vous écrivissiez, et dans le temps, pour ainsi dire, que vous arriviez à Paris. L'embarras où nous sommes pour envoyer des lettres de la campagne à la ville, fait que je n'écris que rarement, et que, quand j'écris, je me trouve obligé ordinairement à des réponses qui m'empêchent d'écrire d'autres lettres.

Mais enfin vous voilà à Paris toute malade et pleine des pensées de l'autre vie. Voilà un terrible régale que vous me donnez d'abord, de me dire que vous vous en allez mourir. Je ne veux point croire que les choses aillent là si tôt. Je crois que vous avez contribué à vous mettre en cet état, en négligeant trop votre mal de genou, et en ne parant pas avec assez de soin à la révulsion qui se fait des humeurs, quand il vous laisse un peu en repos de son côté. Mais il faut, puisque vous êtes en ce lieu propre à avoir bon conseil, que vous fassiez tout ce qui se peut faire, pour aller au-devant des mauvaises suites. Je vous assure que je ne crois pas vous souhaiter un grand bien que de vous souhaiter la santé et la vie, mais ce bien est nécessaire à votre famille. Cependant Dieu est le Maître, et c'est en se soumettant de bon cœur à ses ordres et en aimant plus sa volonté adorable que toutes choses, qu'il faut se préparer à paraître devant lui, en s'acquittant de tous ses devoirs avec fidélité, et en portant humblement la vue de nos péchés, mais en se jetant à corps perdu, pour ainsi dire, dans le sein de Dieu comme dans le sein d'un père qui ne peut avoir son pareil pour la bonté, la tendresse et la miséricorde. Il faut aussi s'unir beaucoup à Jésus-Christ, portant nos misères et nos faiblesses, et s'efforcer, mais doucement, à vivre en la présence de ce qu'il a souffert pour nous, et de sa mort précieuse, qui est ce que nous avons à offrir à Dieu pour ce que nous devons à sa justice, et ce que nous aurons à mettre entre sa justice et notre ame, quand il faudra répondre à son jugement. Je ne vous en dirai pas davantage sur ce chapitre. Si on imprime quelque chose sur la mort (1), vous le pourrez voir, et j'espère que vous aurez tout le loisir de l'attendre. Cependant il ne faut pas laisser de veiller et de se tenir prêt pour n'être pas surpris par l'arrivée de l'époux.

Ce premier vendredi de Carême.

(1) Il s'agit ici d'un ouvrage de Quesnel, intitulé : *Le Bonheur de la mort chrétienne*, auquel on a emprunté plusieurs des Pensées contenues dans ce volume.

XIV

A la Même.

Connaissant, Madame, comme je le fais, la bonté de votre cœur et la justice que vous faites à ceux qui ont l'honneur de vous connaître, je suis sûr que vous n'attribuez la cause de mon silence qu'à une espèce d'impossibilité où j'ai été de vous écrire. En effet, Madame, il y a près de trois mois que je suis entre les mains de la miséricorde de Dieu, qui me visite d'une maladie qui aurait fini mon pèlerinage, si ce divin Père n'avait semblé me vouloir encore donner quelque peu de temps, pour faire ce que tout chrétien doit faire, mais dont j'ai plus que personne un besoin très-particulier. Je commence à agir un peu, quoique la violence du mal m'ait fait une plaie dans la bouche, que je regarde comme un ami fidèle, qui me crie incessamment que n'étant que corruption et que fange, je dois m'en détacher de plus en plus pour soupirer vers l'Etre incorruptible, immuable et éternel. On croit que cela me fera mourir, le dedans étant épuisé; ce qui, grâces à Dieu, me rend plus content que jamais, les miséricordes infinies de Jésus-Christ étant mon unique ressource. S'il est vrai, Madame, que nous ne puissions posséder sûrement ce divin tout, que la mort ne nous ait séparés de ce corps de mort, qui est la prison de notre ame, peut-on assez désirer l'heureux moment de la liberté qui terminera notre exil, et qui nous assurera la possession de Celui qui a dû être l'objet continuel de nos vœux et de nos espérances? Priez donc Dieu, Madame, que je me prépare sérieusement à ce grand voyage, qui décidera de mon éternité, et me recommandez aux personnes de piété que vous savez que j'honore très-particulièrement. Si Dieu me fait miséricorde, je ne vous oublierai pas devant lui, non plus que Messieurs vos enfants.

XV

A la Même.

Je crains bien, Madame, que vous ne soyez malade. Car il me semble qu'il y a longtemps que je n'ai reçu de vos nouvelles. J'ai laissé passer le commencement de l'année sans vous la souhaiter heureuse ; mais c'est que je vous la souhaite telle tous les jours, et que les cérémonies n'ont pas de lieu quand on honore et qu'on aime pour Dieu, comme je le fais, Madame, à votre égard. Je ne laisserai pas pourtant de vous dire que tout ce qu'on peut souhaiter d'accroissement de grâces, de bénédictions et de miséricordes sur vous, sur votre petit troupeau, et sur vos affaires spirituelles et terrestres, éternelles et temporelles, je vous le souhaite de tout mon cœur pour cette année et pour toutes celles qu'il plaira à la bonté divine de vous donner, jusqu'à ce que le temps des années éternelles arrive.

Plût à Dieu, ma chère Madame, que nous n'eussions que celles-là dans le cœur, et que nous vissions passer les autres sous nos pieds, comme on voit couler l'eau sous les ponts, et que nous fissions bien ce que fait cette eau, qui va chercher à se perdre dans la mer d'où elle est sortie. Perdons-nous donc en Dieu en lui rapportant tout ce que nous sommes et tout ce que nous faisons. C'est le moyen de le retrouver dans l'éternité, que de le faire passer dans l'éternité qui est Dieu même, par la fidélité à lui consacrer tout.

Ce 5 février.

XVI

A LA MÊME.

J'avais bien dessein de vous souhaiter aussi la bonne année, non par cérémonie, car cela n'est bon à rien, mais parce qu'il faut bien que j'aie l'honneur de vous entretenir quelquefois, et que je vous rende une partie des devoirs que je vous rendrais si j'étais à portée. Ce sera quand il plaira à Dieu. Il n'y faut pas penser pendant que nos frontières seront pleines de soldats.

Vous recevez des visites plus utiles que les

miennes, puisque c'est Dieu même qui vous les rend par les maladies, les incendies et autres sacrements semblables, qui ne sont pas trop agréables à recevoir, mais qui renferment cependant de grandes grâces quand on les reçoit bien, comme j'ai la confiance que vous le faites par la miséricorde de Dieu. Ne vous étonnez pas que je les appelle des sacrements; ce mot s'est trouvé au bout de ma plume, et je le trouve assez convenable. Car qu'est-ce qu'un sacrement, sinon un signe sensible institué de Dieu pour nous donner des grâces spirituelles? Et combien de grâces et de bénédictions Dieu nous donne-t-il sous le symbole, et pour ainsi dire sous les espèces et les apparences de la tribulation et des afflictions de la vie? Je ne prétends pas pourtant que l'on change les catéchismes, ni qu'on augmente le nombre des sacrements de l'Eglise. Nous pouvons nous contenter de dire que c'est quelque chose de sacramentel et de mystérieux, dont les effets cachés sont admirables, sanctifiants et très-efficaces pour nous unir à Dieu.

Il est donc juste, et c'est même une pratique très-utile, de regarder par cette raison tout ce qui nous arrive de fâcheux comme un signe extérieur qui renferme de grandes grâces et de grandes miséricordes, et qu'on reçoit à proportion qu'on s'y prépare davantage avec amour, avec respect, avec actions de grâces.

Je supplie notre Seigneur qu'il vous fasse faire usage de tout ce qui vous arrive. Songez que vous êtes un membre de Jésus-Christ qu'il veut remplir de son Esprit et de sa grâce, qu'il veut animer et faire vivre de sa vie, dans le même ordre qu'il l'a été lui-même ; ici de sa vie souffrante, ailleurs de sa vie glorieuse. Il a souffert pour purifier ses membres ; nous devons donc souffrir pour nous purifier nous-mêmes, en nous conformant à notre Chef. Il faut que ses souffrances nous soient appliquées, appropriées et deviennent les nôtres, et c'est par ce moyen qu'il lui plaît de le faire.

Vous le voulez bien ainsi, car il connaît mieux que nous de quoi nous avons besoin, et s'il a trouvé ce moyen, ce n'est pas qu'il aime à nous faire du mal, mais qu'il aime à nous détacher le cœur des choses que nous possédons le plus légitimement, pour nous rendre plus dignes de le posséder lui-même. Aimez l'amour qu'il a pour vous, et aimez-le dans les choses mêmes que les hommes charnels ne peuvent se résoudre à regarder comme des marques de son amour.

———

XVII

A une Abbesse.

Dieu soit béni de ce que vous avez retrouvé votre cœur! Je vous en ai laissé jouir fort en repos, car après une si longue absence, il fallait vous laisser seuls ensemble. Que ne lui avez-vous point dit? que ne vous a-t-il point dit lui-même? Il vous aura dit, sans doute, qu'après qu'il vous eut quittée, Dieu prit soin de lui, le conduisit toujours par la main, ne le laissa pas aller bien loin, et qu'enfin ce cœur, ayant fait inutilement des efforts pour se retrouver, il avait crié après Celui qui peut le ramener, et lui avait dit :

*J'ai erré comme une brebis qui s'est per-
due; cherchez votre serviteur* (Ps. CXVIII,
176)! C'est lui qui vous l'a redonné, qui vous
en a mise en possession; possédez-le donc,
mais possédez-le *par votre patience* (Luc
XXI, 19); car c'est le secret pour le garder,
et pour ne le plus perdre. Il est faible, il est
sujet à beaucoup de défauts, il a des pauvretés qui font pitié; il le faut supporter avec
patience, l'offrir à Dieu doucement, lui faire
même espérer que ses fautes lui seront salutaires par la miséricorde de son Dieu, parce
qu'elles serviront à l'humilier, à le conserver
dans la vigilance et le faire dépendre de Celui sans lequel il ne peut rien, à le tenir
plus uni à lui, et à le conjurer souvent de ne
le pas abandonner, afin qu'il ne vous abandonne plus, et que vous n'ayez plus sujet de
vous en plaindre. *Cor meum dereliquit me*
(mon cœur même m'a manqué). Il me semble que le Psaume XXXIX : *Expectans ex-
pectavi Dominum* (j'ai attendu et je ne me
suis pas lassé d'attendre le Seigneur), d'où
ces paroles sont tirées, convient fort bien à
une âme qui a attendu longtemps que Dieu

lui ramenât son cœur et qui reconnaît avec un sentiment de gratitude qu'il l'a affermie sur la pierre qui est Jésus-Christ et qu'il se rend son guide. Quoique je ne doute point qu'il ne vous ait mis dans la bouche un cantique d'action de grâces et de louanges pour Dieu même, je ne laisse pas de le prier de l'y mettre tout de nouveau; car rien n'est plus propre à vous conserver le nouveau don qu'il vous a fait que de lui témoigner souvent que vous avez de la joie de le tenir de lui, et de lui devoir votre cœur plus d'une fois. Si cette grâce qu'il vous a faite était connue de beaucoup de personnes, elles en béniraient Dieu, et elles concevraient en même temps par la vue de sa miséricorde sur les ames, cette crainte respectueuse de la bonté de Dieu qui faisait dire à saint Pierre : *Exi à me* (Seigneur, retirez-vous de moi; Luc V, 8), et une espérance toute nouvelle en un Dieu si bon. Mais puisque vous êtes presque seule témoin de cette grâce, comme vous en êtes seule le sujet, ces deux devoirs doivent être si vifs dans ce cœur retrouvé, que Dieu y reçoive ce qu'il recevrait de toutes les autres.

XVIII

A la Même.

Je ne doute point que vous n'ayez été bien touchée de la mort de madame votre sœur. Je vous trouve toujours irréconciliable avec la vie présente, et vous portez envie à tous ceux à qui vous la voyez quitter pour aller en l'autre monde. Je louerais tout-à-fait une inimitié si implacable et une envie si chrétienne, si je ne craignais avec quelque fondement que l'amour propre ne partage avec l'amour de Dieu les motifs qui vous rendent la vie si onéreuse, et que l'aversion du travail et des croix qui l'accompagnent n'ait beaucoup de part au désir que vous avez de la vie du siècle à venir. Il s'en faut bien que vous ayez le courage d'un saint François Xavier, d'une sainte Thérèse, ni d'un saint Martin, à qui l'amour de Dieu a fait aimer la vie présente par le désir de procurer sa gloire et sa volonté, aux dépens du plus ardent et du plus saint désir qu'ils eussent dans le cœur, tel qu'était celui de jouir de Dieu à découvert. Vous avez dit en la personne du dernier ces jours passés : *Domine, si adhuc populo tuo sum necessarius* (Seigneur, si je suis encore nécessaire à ton peuple). Personne ne lui est nécessaire absolument ; mais il veut souvent et ordinairement avoir besoin de nous pour ses œuvres, quand il lui plaît de les faire dépendre de certaines conjonctures, et de certains moyens qu'il veut employer plutôt que d'autres, pour des raisons que nous n'avons que faire de pénétrer.

Des hommes très-inutiles et très-propres à tout gâter par eux-mêmes lui sont alors nécessaires, par une suite de ses desseins, et il oblige souvent ses disciples à dire à certaines personnes ce qu'il fit dire par quelques-uns de ses apôtres au sujet de l'ânesse et de l'ânon dont il se voulait servir pour entrer à Jérusalem : *Dominus his opus habet* (le Seigneur en a besoin ; MATTH. XXI, 3). Vous ne refuserez pas d'être nécessaire en ce sens, et vous l'êtes assurément pour la place où vous êtes, de telle manière que ce serait vous opposer à la volonté de Dieu et exposer son œuvre que de vouloir substituer d'autres moyens et d'autres instruments à celui qu'il a choisi, pour faire davantage éclater la puissance du Créateur dans l'impuissance de la créature.

———

XIX

A LA MÊME.

Vous aurez reçu une de mes lettres depuis celle que vous m'avez fait l'honneur de m'écrire le 20 novembre. Il me paraît, par ce qu'elle contient, que Dieu vous conduit à souhait, Madame, puisque votre petite barque, dont le salut est de se briser en touchant le port, y tend, à ce que vous marquez, à pleines voiles. Il est bon cependant, ne sachant pas quand elle y arrivera, de prendre toujours les devants, par de saints désirs qui unissent le cœur à Dieu, indépendamment de ce vaisseau pourri qui le porte, et qu'un coup de vent peut rejeter en pleine mer, lorsqu'il paraîtrait sur le point d'aborder. Il faut donc se regarder comme toujours prête à débar-

quer ; mais il faut aussi se préparer à souf-
rir, autant qu'il plaira à Dieu, les incommo-
dités de la navigation : c'est la manière dont
vous devez faire pénitence. C'est celle que
vous impose celui qui vous ordonne de la
faire, et elle vaut mieux que celles qui sont
du choix des hommes, ou qui seraient de votre propre choix. L'indulgence que vous êtes
obligée d'avoir pour votre corps étant de
nécessité et d'obéissance , il ne faut pas trouver à redire à cet échange que Dieu fait avec
sagesse, de la pénitence des maladies avec
les pénitences qui vous étaient données d'ailleurs ; ce fumier en vaut bien un autre. Il
n'importe de quoi votre vaisseau soit chargé,
pourvu que ce soit l'obéissance qui le charge.
Vous n'avez point d'or à porter au lieu où
vous allez, et quand vous en auriez, on ne l'y
estimerait pas plus que du fumier. Tout y
est reçu, quand c'est la charité qui l'y envoie,
une charité obéissante et indifférente à tout
ce qui sert à exercer l'obéissance : votre trésor est donc tout ce que vous avez à y porter, et ce trésor ne vous en peut faire perdre
aucun autre, puisqu'on y porte véritable-

ment tout ce qu'on désire d'y porter, et que ce ne sera pas ce vaisseau pourri que Dieu regardera quand nous arriverons au port. Il n'y entrera pas, puisqu'il faut qu'il coule à fond, quand le cœur prendra terre dans cette région des vivants, où le Dieu des vivants nous recevra avec tout ce que notre cœur lui apportera. Je loue Dieu de ce qu'il vous occupe de ce jour de l'éternité, qui succédera à la nuit de cette vie, et de ce qu'il vous met dans l'esprit continuellement cette parole : *Je crois fermement voir un jour les biens du Seigneur dans la terre des vivants* (Ps. XXVI, 13). Quelle différence entre la foi et la vision, entre les biens que la foi met dans notre cœur en cette vie, et les biens que notre cœur trouvera dans le sein de Dieu en y entrant, entre la terre et le ciel, entre les vivants de la terre qui ne sont proprement que des morts, et les vivants du ciel qui sont vivants de la vie de Dieu, la vie essentielle, éternelle et bienfaisante ! Je vous laisse goûter ces paroles ; il y a de quoi nourrir longtemps un cœur qui aime cette nourriture, et de quoi allumer en lui un désir bien ardent de ces biens de Dieu, et une haine bien vive de tous les maux qui sont capables d'en retarder pour nous la jouissance, qui sont nos péchés et nos misères. Ce n'est pas qu'il faille les haïr seulement par rapport à nous, ni par le seul désir d'arriver au bonheur; il les faut haïr par l'intérêt de Dieu qui en est déshonoré. Mais il est vrai qu'on ne peut quasi faire l'un sans l'autre; car l'amour de nous-mêmes ne sera pas sitôt éteint en nous, que le péché cessera, et sitôt que l'un et l'autre seront morts en nous, la charité parfaite y régnera, et Dieu par la charité.

XX

A LA MÊME.

Je conçois bien, Madame, la joie où vous êtes de n'avoir plus à gouverner que le petit diocèse ou plutôt le petit monastère de votre cœur, où je vois bien que vous voulez établir la réforme sur un bon pied, et y mettre l'étroite

observance de la règle. Vous devez être as-
surée que le supérieur de ce petit monastère
y donnera volontiers les mains ; et comme il
y peut tout, ainsi que vous en êtes persuadée, vous devez aussi tout attendre de lui.
Vous me faites une étrange peinture de ce
monastère ; mais vous êtes un peu prévenue,
et vous n'en jugez pas avec assez de charité.
Je ne doute point qu'il n'y ait toujours quelque discole et quelque sujet à humilier et à
réduire à son devoir. Mais croyez-moi, vous
devez remercier Dieu avec un grand sentiment de reconnaissance, de ce qu'il n'a pas
permis que le désordre y ait été plus grand,
de ce qu'il a donné une bonne volonté à celles
qui y sont, et de ce qu'il vous donne moyen
de travailler uniquement à l'œuvre de sa ré-
formation et de sa sanctification. Je vous
veux plus de confiance que vous n'avez, et je
souhaite fort que la grande règle de votre
monastère, ce soit l'amour de Dieu et de
notre Seigneur Jésus-Christ. Il est crucifié,
mortifié, et réduit à une grande faiblesse en
vous par vos maladies continuelles et par vos
infirmités corporelles ; mais il faut qu'il res-

suscite, qu'il vive, et qu'il soit fort et puissant dans votre cœur, et que vous puissiez dire : *Encore qu'il ait été crucifié selon la faiblesse de la chair, il vit néanmoins maintenant par la vertu de Dieu.* (2 Cor. XIII, 4). Relevez donc votre courage, non par une confiance vaine en vos propres forces, mais par l'abandon de votre âme à la force de Dieu ; abandon qui n'est pas contraire à l'humilité ni à la pénitence, mais qui est, au contraire, un effet de la véritable humilité, et le soutien unique et la source de la pénitence chrétienne et religieuse. C'est ce qui vous fera porter et avec humilité et en esprit de pénitence cette espèce d'excommunication et de dégradation dont vous me parlez, par l'impuissance où vous êtes de suivre ces observances régulières, de chanter à l'office et de communier aussi souvent que les autres. Mais, croyez-moi, vous ne sauriez rien perdre, et vous retrouverez dans ce petit monastère intérieur tout ce que vous paraîtrez perdre par rapport au monastère extérieur, et dont vous ne pouvez suivre les exercices. Le recueillement, le silence, la soumission à l'ordre de Dieu, la foi, l'espérance, la simplicité, et surtout la charité, sont autant de religieuses avec qui vous pouvez chanter les louanges de Dieu dans le chœur de votre cœur. *Non clamor, sed amor clamat in ore Dei.* C'est là encore que cet amour vous tiendra lieu de toutes les observances, quand vous ne pourrez les garder. C'est là que vous communierez à Jésus-Christ en communiant à son Esprit, à sa douceur, à son humilité, à sa charité, à sa pénitence, à tous les mystères de sa vie et au sacrifice de sa mort, par les privations, les mortifications de vos infirmités, et l'adhérence à la volonté de Dieu. Enfin on fait en esprit dans ce petit monastère tout ce qui se fait extérieurement dans celui du dehors, puisqu'on ne le fait jamais bien au dehors, que quand on le fait ainsi dans ce cloître et dans ce chœur intérieur.

Ce 24 mai.

———

XXI

A LA MÊME.

En levant les yeux de dessus votre lettre, et les ayant portés vers le crucifix qui est devant moi, il me semble vous voir attachée avec Jésus-Christ à sa croix, et que vous me disiez avec lui, au milieu de vos angoisses : *Sitio* (J'ai soif ; JEAN XIX, 21). Je me suis donné à lui pour vous procurer quelque rafraîchissement, mais j'ai bien peur que je ne trouve que du vinaigre à vous donner. Ma ressource sera de vous exhorter à vous adresser à Jésus-Christ même, qui a changé, dans l'huile de sa charité et dans l'excellent vin de sa grâce, le vinaigre que les hommes lui ont présenté dans le fort de ses douleurs. C'est cette huile et ce vin que je le supplie de verser sur les plaies de votre cœur, pour en adoucir l'amertume, et pour le fortifier dans cette agonie. « Vous n'avez de vie, dites-vous, « Madame, que pour en porter les périls, les « incertitudes et les ennuis. » Les périls seront votre sûreté ; les incertitudes, votre assurance ; les ennuis, votre joie, si la vigilance de votre foi s'augmente par les périls , si l'ancre de votre espérance s'affermit par les incertitudes , si le cri de votre charité redouble dans les ennuis par la ferveur et la persévérance de la prière. C'est ce que vous faites sans doute ; et tout cela vous unissant et vous attachant plus fortement à Jésus-Christ, vos infirmités et vos souffrances deviendront votre force, et votre vie sera un sacrifice bien agréable à Dieu. Glorifiez-vous donc dans vos infirmités , afin que la force de Jésus-Christ habite en vous ; prenez garde de ne pas perdre le fruit de cette précieuse semence , en vous laissant aller au découragement. *Ne vous lassez point de souffrir ; Dieu vous traite en cela comme son enfant ; ne vous laissez pas abattre lorsqu'il vous reprend , car le Seigneur châtie celui qu'il aime. Ne perdez donc pas la confiance que vous avez , qui doit être récompensée d'un grand prix ; car la patience vous est nécessaire , afin que, faisant la volonté de Dieu, vous puissiez obtenir les biens qui vous sont pro-*

mis. (Héb. XII, 5-7 ; X, 35, 36.) Il me semble que les quatre derniers chapitres de
l'Epître aux Hébreux , d'où ces paroles sont
tirées , sont pleins de consolation pour les
âmes qui sentent leurs forces s'affaiblir et
leur confiance s'ébranler; et ils vous peuvent
être fort utiles aussi bien dans les autres
points que dans celui-là, c'est-à-dire dans les
répugnances, tentations, craintes excessives
qui semblent vous attaquer de nouveau. Un
des moyens de les affaiblir, c'est de ne vous en
pas trop alarmer. Il ne faut pas vous étonner
qu'elles vous reviennent de temps en temps.
Il n'y a pas en cette vie de victoire éternelle.
Nos forces s'affaiblissent de temps en temps
par nos infirmités, et notre affaiblissement
donne des forces à nos ennemis, et leur inspire
le courage de nous attaquer. Il faut, sans se
troubler, prendre tout cela pour des avertis-
sements de nous renouveler dans notre fidélité envers Dieu , dans notre attachement à
Jésus-Christ crucifié, dans notre charité envers le prochain, dans notre confiance en la
grâce de Dieu. Notre esprit et notre volonté
sont comme les deux contrepoids de notre

pendule, *anima ex cruce Christi pendula.*
Ces contrepoids s'abaissent continuellement
vers la terre; mais dès que nous nous aper-
cevons qu'ils commencent à la toucher ou à
s'en approcher, il faut les relever, et on s'en
aperçoit par ces petites répugnances, tentations, craintes excessives. Alors que nos
contrepoids commencent à toucher la terre,
il les faut relever, et il est bon pour cela de
choisir quelque psaume conforme à nos besoins, pour relever notre esprit et notre cœur
vers Jésus-Christ crucifié; et de là vers Dieu
son Père et le nôtre; s'appliquer à la perfection de Dieu qui a rapport à notre état, notre
disposition, notre besoin, ou au mystère et à
la vertu de Jésus-Christ et à quelques-unes de
ses paroles, qui, par ce même rapport, vous
paraîtront plus propres à vous secourir et à
vous fortifier. Il vaut mieux que vous les
choisissiez vous-même ; car cette recherche
même vous servira d'occupation et de remède
à l'inquiétude de la nature.

Pour ce qui concerne la nouvelle peine
que vous avez à l'égard du curé de votre pa-
roisse, j'espère que Dieu la dissipera, et

qu'il ouvrira votre cœur pour celui qu'il vous a donné ; car il me semble qu'il faut en cela beaucoup considérer l'ordre de Dieu, pour lequel nous devons avoir un grand respect. Il y a certaines difficultés qui sont dans la conduite où l'on pourrait désirer la résolution de personnes peut-être plus profondément savantes, mais je suis assuré que ces sortes de difficultés ne se trouvent point chez vous. Vous ne trouvez même rien à redire, sinon qu'il vous mène par un chemin un peu roide, mais qui n'a rien néanmoins qui ne soit conforme aux règles les plus exactes. Il a tort ; mais l'Evangile a encore plus grand tort que lui, si nous en croyons la nature corrompue et immortifiée. J'ai peine à croire que vous vous en fiez à elle, et que vous l'écoutiez sur ce point où elle est suspecte, et je vous conseille d'en croire plutôt votre curé. Si vous en faites trop sur sa parole, croyez-moi, vous n'y perdrez rien ; on vous tiendra compte de tout, et vous trouverez à la fin que votre surplus aura profité pour vous entre les mains de Dieu, *qui est riche en miséricorde et qui, pressé par l'amour extrême dont il nous a aimés, lorsque nous étions morts par nos fautes, nous a rendu la vie en Jésus-Christ.* (Eph. II , 4, 5.) Vous plaignez-vous de ces excès de l'amour de votre Dieu? Non, sans doute. Vous ne craignez pas non plus qu'il trouve en vous trop d'amour pour lui? Hélas! quelle confusion n'aurions-nous pas à la vue de notre pauvreté et de la petitesse de notre cœur! Poussons donc hardiment notre amour, sans nous plaindre qu'on nous presse trop d'en rendre les fruits, qui sont la fidélité à la loi de Dieu, et à tout ce que nous devons regarder comme nous tenant lieu de ses commandements. *Vous avez ordonné que vos commandements soient gardés très-exactement.* (Ps. CXVIII, 4.) Cependant il ne faut pas vous troubler à la vue de cette perfection si sublime que l'Evangile nous montre, et que nous montrent aussi ceux qui nous conduisent dans ses voies. Nous n'en sommes épouvantés que parce que nous craignons d'être trop crucifiés, et que nous ne faisons pas assez de fond sur la grâce de Jésus-Christ. Il faut, à la vue de cette grande perfection, rendre grâces à Dieu de ce qu'il daigne nous y appeler ; nous humilier, de ce que nous sentons tant de répugnance et d'opposition à ce qui doit faire notre bonheur ; louer Dieu de ce qu'il a daigné s'engager à être notre lumière, notre vie, et notre force pour y arriver ; nous abandonner à sa grâce et à son esprit pour faire autant de chemin qu'il lui plaira dans cette route, et gémir de nos infidélités et de notre paresse ou lâcheté, sans néanmoins appréhender que Dieu nous traite pour ce que nous ne faisons pas, autrement qu'avec une bonté paternelle et une indulgence très-grande. Reprenez donc courage, Madame ; allez à Dieu avec zèle et avec confiance ; tâchez de croître de jour en jour dans l'amour de la foi, et dans la fidélité à ses desseins sur vous.

Adieu, Madame ; priez Dieu pour moi, et sollicitez sa miséricorde pour mes besoins. Je le supplie de vous bénir par Jésus-Christ et de nous rendre tous dignes de ces biens éternels, qui récompenseront surabondamment toutes les peines de cette vie. Adieu.

Août 1692.

XXII

A LA MÊME.

C'est de bon cœur que je vous souhaite, Madame, toutes les bénédictions qui peuvent rendre heureuse l'année que nous commençons, et dont voilà déjà la vingt-quatrième partie de passée; tant c'est peu de chose que la durée des années et des siècles, tant il est important de se hâter de travailler à l'œuvre qui nous doit occuper le reste de nos jours, et dont la fin sera suivie de cette nuit où personne ne peut plus travailler. Je loue Dieu de ce que vous êtes toujours occupée à cette œuvre; et les défauts même que l'on reconnaît en soi sont une preuve de notre travail. Ils ne nous doivent pas décourager, ni nous persuader que nous n'avançons point, puisqu'une partie de la perfection de cette vie consiste à reconnaître que l'on est bien éloigné de la perfection. Cette connaissance doit faire en nous le même effet que fait dans un voyageur la connaissance qu'il a qu'il n'est pas encore si proche qu'il pensait du terme de son voyage. Loin de se ralentir, il double le pas, part plus matin, s'arrête moins dans les hôtelleries ; il craint plus de s'égarer, il est plus soigneux de s'informer du chemin, il fait force honnêtetés à ceux qui le lui montrent, quoique peut-être ils le fassent de fort mauvaise grâce et d'une manière brutale, et, si vous voulez, avec des injures. Il oublie tout ce qui ne sert point à son voyage ; il se divertit des grossièretés, il compte pour rien les injures, et ne retenant que ce qui sert à le conduire, il quitte gaiement son donneur d'avis, et avance chemin en suivant ce qu'il lui a dit. Il faut regarder, Madame, les prédicateurs, ceux qui nous exhortent, qui nous donnent des avis, comme un homme que nous trouvons en notre chemin, et qu'il semble que Dieu nous envoie pour nous mettre dans la route. Nous n'aurons garde de nous dégoûter d'eux, si nous les regardons comme des personnes qui nous sont nécessaires, et que Dieu nous adresse pour nous dire peut-être un seul mot dont nous avons besoin. Ce mot est mêlé parmi une grande foule d'autres, et il faut de la patience pour le trouver, et de

l'attention afin qu'il ne nous échappe pas.
Mettons-nous dans l'esprit, quand nous allons au sermon ou à une exhortation, que
Dieu nous y appelle pour nous y parler et
pour nous dire un mot, que nous aurons peut-
être entendu cent fois, mais que nous n'avons
pas bien appris ni bien pratiqué, et qu'il nous
veut mettre dans le cœur pour nous le faire
pratiquer. Ce mot sera celui qui nous sera le
plus utile, et qui touche plus particulièrement le besoin présent de notre âme. Quand
le dégoût nous prend, il faut le souffrir sans
y adhérer, et l'offrir à Dieu comme une peine
qui peut servir à notre sanctification, si, en
renonçant à ce qu'elle renferme de mal qui
déshonore Dieu, nous nous soumettons à ce
qu'il y a de plus pénible. Il faut continuer
cependant d'écouter, le dégoût ne devant pas
nous empêcher de faire notre devoir, mais
nous donner occasion de le faire purement
pour Dieu. Car il y a sujet de craindre, que
quand nous prenons plaisir à entendre la
Parole de Dieu, ce ne soit quelque autre
chose qui nous y plaise que sa Parole même,
ou le désir de connaître sa volonté et notre

devoir; mais ou les ornements et les tours agréables que l'homme y mêle, ou l'inclination pour celui qui nous instruit, ou quelque autre chose, au lieu que le goût sensible ne nous y attirant pas, c'est Dieu et sa volonté qui nous la fait écouter.

Il en est de la prière comme de la lecture. La meilleure est celle où nous faisons moins notre volonté, et où nous adorons plus Dieu par l'esprit de la foi que par le goût que nous trouvons dans les exercices spirituels. Si nous y avions toujours du goût, ce serait trouver notre paradis en ce monde, puisque les délices spirituelles, à ceux qui les goûtent, sont plus satisfaisantes que les plaisirs sensibles. Or nos délices, c'est de faire la volonté de Dieu.

Ce 31 janvier 1696.

XXIII

A LA MÊME.

J'ai reçu, Madame, votre lettre en date du mois où nous sommes, dans le cours d'un petit voyage , d'où je suis revenu vendredi dernier. J'y ai été assez incommodé d'un fort gros rhume qui m'y a toujours accompagné, et sans une protection particulière de la Providence, un renversement du chariot où nous étions nous aurait été funeste. Mais dès que je suis rentré dans mon trou, je me suis trouvé en parfaite santé, et je n'ai eu de ma culbute que de la boue à essuyer. Vous prenez trop de part à ce qui me touche, pour ne pas remercier Dieu de la grâce qu'il m'a faite, de me soutenir et de me délivrer de ce péril, et pour ne pas lui demander pour moi la grâce d'employer ce petit reste de vie selon sa volonté, et tout pour sa gloire.

Je loue Dieu, de mon côté, de ce qu'il lui a plu vous calmer sur le sujet de vos infirmités et des impuissances qui en sont les suites. J'espère qu'il vous fera la grâce de vous donner la paix sur l'autre objet de votre inquiétude. C'est pour l'amour qu'il vous porte, qu'il a permis cette première tentation ; et si l'ennemi de votre perfection ne se rebute point de vous attaquer d'un autre côté, après qu'il a été repoussé, l'Auteur de votre perfection et de votre bonheur éternel ne se lassera pas aussi de vous défendre et de vous secourir. Cette seule pensée qu'il est votre miséricorde, plus que vos infirmités ne sont à vous; votre refuge, plus que le démon n'est votre tentateur; qu'il a entrepris de vous sauver, plus que le démon n'a entrepris de vous perdre; qu'enfin il est votre libérateur, plus que votre propre volonté n'est captive, et capable de vous réduire de jour en jour à une nouvelle servitude; cette seule pensée, dis-je, exprimée par ces quatre paroles de David : *Ma miséricorde, mon refuge, mon défenseur et mon libérateur* (Ps. CXLIII, 2), vous doit remplir de consolation, et vous animer d'une nouvelle confiance en la bonté de notre Sauveur et de notre Dieu, qui vous donnera lieu par sa protection de vous récrier, comme fait David à la fin de ce même psaume : *Heureux celui qui a le Seigneur pour Dieu;* ou comme il fait au premier verset : *Béni soit le Seigneur mon Dieu qui dresse mes mains au combat, et mes doigts à la guerre!* C'est pour le règne de sa volonté sur vous que vous avez à combattre

contre vous-même. Comme le diable ne se
soucie pas par quel endroit vous résistiez à
cette volonté adorable, pourvu que vous y
ayez quelque opposition, votre combat consiste à vous y soumettre en toute chose, et
vous ne sortirez victorieuse du combat, que
quand vous aurez imposé silence à votre raison, à votre volonté, à votre inclination, pour
n'écouter que Dieu, qui est la raison et la volonté souveraine. C'est elle qui fait tout, ex-
cepté le péché, et vous devez considérer que
vous êtes plus malade par la volonté de Dieu
que par votre maladie même, puisque les
maladies sont en sa main, qu'il en fait ce qu'il
lui plaît d'en faire, et que ce qu'il fait, il le
fait par une souveraine sagesse et par une
charité infinie. Attachez-vous donc, Madame,
à cette charité, à cette sagesse, à cette volonté, persuadée que votre sagesse, vos pré-
voyances, vos soins et votre sollicitude ne
sont que ténèbres et qu'inquiétudes, si elles
ne se reposent dans cette sagesse éternelle
et immuable; que votre volonté n'est qu'une
impétuosité naturelle, si elle n'est fixée et ar-
rêtée par cette volonté sainte et toute-puis-

sante. Ce que saint Jacques dit de la volonté de Dieu marquée dans ses divers commandements, prenez-le, et croyez-le de la même volonté, marquée et déclarée par vos infirmités. Car Dieu qui s'est expliqué de sa volonté en parlant à Moïse, s'explique de sa volonté à l'égard de chacun de nous par les divers événements de notre vie, et plus clairement par ceux auxquels nous n'avons aucune part que par ceux où il y a quelque chose de notre choix. Soyez bien fidèle à suivre Dieu dans ce qu'il ordonne sur vous, sans désirer qu'il suive vos inclinations et vos lumières. *Quiconque ayant gardé toute la loi*, dit saint Jacques, *la viole en un seul point, est coupable comme ayant tout violé, puisque celui qui a dit : Ne commettez point d'adultère, ayant dit aussi : Ne tuez point, si vous tuez, quoique vous ne commettiez point d'adultère, vous êtes violateur de la loi.* (Jacq. II, 10.) De même, à proportion, si, ayant soumis votre volonté à celle de Dieu au regard de vos infirmités et de vos impuissances, vous vous y opposiez à l'égard du nom de prieure, vous seriez coupable comme l'ayant toute offensée, puisque celui qui vous a dit par vos maladies de vous humilier sous la main toute-puissante de Dieu, et de demeurer tranquille sous les ordres de sa volonté, celui-là même vous dit aussi de soumettre et faire taire votre volonté à l'égard du nom de prieure, et il vous le dit même plus distinctement, puisque c'est par la bouche de celle qui est pour une religieuse le canal le plus naturel de la volonté et des ordres de Dieu. Abandonnez-vous donc à ceux qui vous viennent par ce canal, et que vos raisonnements cessent, lorsque la raison souveraine s'explique sans équivoque sur ce point. Il est vrai que madame votre abbesse est à plaindre, surchargée comme vous dites qu'elle est de travail et de sollicitude, portant seule tout le poids du gouvernement, et il n'y a rien qu'on ne dût faire, dans l'ordre de Dieu, pour la soulager. Si vous lui êtes inutile à l'œuvre de Dieu dont elle et vous êtes chargées, humiliez-vous de votre inutilité, et demandez à Dieu qu'il ne permette pas que vous y nuisiez par vos infidélités devant lui. Mais non, il faut espérer que loin d'y nuire, vous y servirez davantage par la patience dans vos maux, par votre humiliation volontaire sous la main de Dieu, et par vos prières que vous offrirez de dessus votre croix à celui qui vous y a attachée, que vous ne feriez peut-être en pleine santé par vos soins, votre vigilance et vos paroles et exhortations.

Ce 27 novembre 1697.

———

XXIV

À LA MÊME.

Je ne viens que de recevoir votre lettre du dimanche de l'Ascension. Je n'y ai point trouvé cette joie qui est comme le caractère de cette solennité sainte et le fondement de notre espérance. *Si vous m'aimiez*, disait le Fils de Dieu, *vous vous réjouiriez, parce que je m'en vais à mon Père, et que je vais vous preparer des places dans son royaume.* (Jean XIV, 28, 2.) Je veux espérer que vous aurez reçu la consolation du Saint-Esprit dans sa fête, et qu'il vous aura fait ressentir l'effet de cette parole, par laquelle il nous assure, en nous quittant, que le Père et le Dieu qu'il va retrouver est aussi notre Dieu et notre Père : *Je monte à mon Père et à votre Père, à mon Dieu et à votre Dieu.* (Jean XX, 17.) Il me semble qu'il n'y a point de tristesse qui puisse tenir devant des paroles si consolantes ; et quelque désolantes que puissent être nos pensées, quelque sévères que nous paraissent les jugements de Dieu, quelque proches de nos têtes que nous paraissent ses foudres, ces seules paroles : *Mon Père, vous êtes mon Dieu, et mon Dieu, vous êtes mon Père,* doivent nous rassurer. Car ces paroles renferment l'union de la tendresse souveraine avec la souveraine puissance. S'il est notre Père, pouvons-nous craindre qu'il ne nous aime pas ; et s'il est notre Dieu, pouvons-nous appréhender que son amour soit impuissant ? Que ce soient donc là vos deux bras pour vous tenir invariablement attachée à Celui qui est votre espérance ; et quelque image effrayante qui se présente à votre imagination, opposez-y ces deux paroles : *Vous êtes mon Père, vous êtes mon Dieu.* Elles sont comme un chiffre qui renferme en abrégé toute l'Ecriture, et elles suppléeront à votre pauvreté dans l'impuissance où vous pourrez vous trouver de vous souvenir des beaux endroits de l'Ecriture qui faisaient autrefois votre consolation. Tout ce que Dieu a fait par sa puissance pour nous combler des biens de la nature par la création, la conservation et la protection, est contenu dans le nom de Dieu ; et tout ce qu'il a fait par sa sagesse et par son amour pour nous racheter, et nous sauver dans son Fils, il en est le principe comme Père. Père de Jésus dans son incarnation et dans sa résurrection, notre Père par l'Esprit d'adoption ; et le seul nom de Père nous représente toute l'économie de notre sanctification dans son Fils. Abandonnez-vous donc à Dieu, comme Dieu par son Fils, comme le premier-né de toute créature, et à Dieu comme Père par son Fils, comme le premier-né des ressuscités, et l'héritier des biens célestes, dont il veut que nous soyons avec lui les cohéritiers. Votre prière, par ce moyen, vous sera une source de consolation dans vos peines ; ce sera une goutte de rosée qui inondera votre cœur dans vos sécheresses ; ce sera une parole abrégée qui vous remettra devant les yeux les miséricordes infinies de Dieu. Si cette miséricorde ne se fait pas toujours sentir avec toute sa douceur, il faut penser qu'en ce monde il faut que la justice de Dieu s'exerce sur nous, aussi bien que sa miséricorde. Nous sommes pécheurs, et nous sommes si éloignés de l'humilité que cette qualité devrait opérer en nous, que c'est un effet de la bonté de Dieu autant que de sa justice, de nous humilier et de nous tenir dans l'abaissement de cœur, en nous laissant sentir ce que nous sommes devant lui, et ce que nous y serions sans Jésus-Christ. En effet, sans lui, non-seulement nous serions endurcis dans le péché, mais les œuvres mêmes que nous faisons pour nous réunir à lui, ne serviraient qu'à nous en éloigner. Nos justices seraient, comme dit l'Ecriture, *sicut pannus menstruatæ* (comme le linge le plus souillé. Isaïe LXIV, 6). Elles ont donc toujours deux faces en elles-mêmes. Ce n'est rien, ou rien qui ne fût capable d'irriter Dieu : mais teintes dans le sang de Jésus-Christ, revêtues de sa justice, animées de son Esprit, relevées de l'éclat de ses mérites, elles sont capables de l'honorer, et d'être reçues de lui comme un sacrifice de bonne odeur offert par Jésus-Christ même. Quand donc vos œuvres vous feront peur en les considérant en elles-mêmes, que votre foi vous les fasse regarder comme un fruit de la foi et de la grâce de Jésus-Christ, comme un don de son Esprit, et elles vous consoleront. Ne les considérez jamais sans ce second rapport; n'ayez aucune vue que Jésus-Christ n'y entre, comme n'étant rien, ne pouvant rien, et n'ayant rien que par lui. Agissez le plus simplement que vous pourrez, sans trop examiner vos actions en détail. Votre intention est d'aller à Dieu par Jésus-Christ, et d'y aller par la voie où il vous a mise, la voie de sa loi, la voie de votre règle et de vos constitutions. Vous ne prétendez pas y marcher que par Celui qui est notre voie et notre vie (JEAN XIV, 6). Ayant une fois mis dans votre cœur ces vérités, et ayant vraiment dessein que vos actions soient faites dans cette lumière, ne vous arrêtez pas aux pensées scrupuleuses qui peuvent venir à la traverse, pour vous jeter dans la crainte, le trouble et la défiance. Récitez des psaumes dans les accès de tristesse qui vous pourront venir, et des psaumes de confiance. (Ps. XC, CXXIV, XXX.) *Humiliez-vous sous la main toute-puissante de Dieu* (1 Pierre V, 6), quand il se représentera à vous dans sa justice. Il n'y a que l'humilité qui le puisse désarmer, mais elle le fait infailliblement ; et l'humilité consiste à nous reconnaître pécheurs, et à vouloir bien être traités comme pécheurs en cette vie, soit par les souffrances corporelles, ou par les afflictions de l'esprit que notre Seigneur a éprouvées lui-même, plus que tous les pécheurs n'en éprouveront jamais ici-bas. Tant qu'il voudra vous laisser dans la tristesse, il faut y vouloir demeurer avec Jésus-Christ. Vous devez dire avec lui : *Tristis est anima mea usque ad mortem.* (Mon âme est dans une tristesse mortelle. Matth. XXVI, 38.) Vous pouvez demander avec lui d'en être délivrée, mais il faut avec lui porter la justice de Dieu tant qu'il lui plaira : *Verumtamen non mea, sed voluntas tua fiat* (néanmoins que ce ne soit pas ma volonté qui se fasse,

18

mais la vôtre. Luc, XXII, 42); pleinement établie dans cette confiance qu'il ne vous y abandonnera pas, mais vous y soutiendra toujours. Demandez-lui pour cela souvent l'accroissement de la foi, de l'espérance et de la charité; et abandonnez-vous à sa miséricorde, aussi bien qu'à sa justice. Avec cela on va à Dieu avec confiance, et la mort ne vous doit pas être un sujet d'effroi, puisqu'elle vous délivrera du péché qui est le seul ennemi qui vous fasse la guerre.

XXV

A LA MÊME.

Croyez-vous donc, Madame, que j'aie été moins mortifié que vous, d'avoir été si près de vous sans vous rendre au moins une petite visite? Certes, je me l'étais bien promis, et c'était un des projets que j'avais faits en partant d'ici, de voir vos chères voisines aussi bien que vous. Mais pour ne me point charger du mauvais succès des choses, je me suis laissé gouverner, et un voyage manquant, l'autre a manqué aussi. Outre cela, il est si difficile d'être inconnu dans une maison de communauté, et de n'y pas rencontrer des personnes de connaissance, que le péril était aussi grand pour moi que pour elles. Enfin, s'il y a eu de ma faute, c'est à vous de m'en imposer pénitence. Si vous m'ordonnez d'y retourner, j'y consens, pourvu que vous me donniez un peu de terme. Je ne vous conseille pas néanmoins de désirer et de demander la vie pour ce sujet ; cela n'en vaut pas la peine, et si Dieu vous appelle, allez, allez-y de bon cœur, Madame ; vous trouverez tout en Dieu, et vous n'aurez plus rien à désirer. Il faut nous accoutumer dès maintenant à ne plus rien désirer que lui, et à porter les petites privations de cette vie avec un grand détachement de cœur. C'est la meilleure disposition que nous puissions apporter à la jouissance du souverain bien auquel nous aspirons. Notre cœur y sera d'autant mieux préparé, qu'il sera plus vide de toutes les choses terrestres. Nous n'y pouvons prétendre que comme membres et disciples de Jésus-Christ, et nous ne méritons ce nom que quand nous ne tenons plus à rien. Je craindrais de trop dire, si saint Ignace n'avait dit, il y a longtemps , allant au martyre : « Je « commence à être disciple de Jésus-Christ, « ne désirant plus rien de ce qui est visible. » C'était Jésus-Christ même qui lui avait mis cette parole dans le cœur, et je le supplie incessamment de vouloir la mettre dans le vôtre, pour vous porter, non-seulement à lui sacrifier de bon cœur la petite joie que vous auriez eue en voyant un homme qui désirait aussi de vous voir, mais à le remercier même de ce qu'il vous a présenté cette occasion de vous priver d'une chose que vous désiriez, et de vous convaincre par une nouvelle expérience que les désirs qui n'ont pas Dieu seul pour objet ne servent souvent qu'à nous fatiguer. On les nourrit quelquefois longtemps dans son cœur, et lorsqu'on croyait être arrivé au moment de jouir de ce que nous désirions, il s'échappe pour ainsi dire de nos mains, au lieu que les désirs qui ont Dieu pour objet ne sont jamais inutiles. Car , dès qu'on le désire, on commence déjà à le posséder, et on sera en état de le posséder parfaitement, quand on ne désirera plus autre chose. Je vous conseille donc, Madame, de considérer tout le temps de l'Avent où nous allons entrer, comme un temps de désirs, tel qu'il l'est en effet, ou plutôt comme le temps d'un seul et unique désir, qui est celui de voir Dieu et Jésus-Christ en Dieu, comme les saints de l'Ancien-Testament désiraient de voir Jésus-Christ et Dieu en Jésus-Christ. Daniel était un homme de désirs, parce qu'encore que Jésus-Christ en fût le grand objet, il considérait dans ce germe divin tous les mystères qui s'y devaient accomplir, toutes les nations qu'il devait appeler de tous les coins de la terre pour former son corps mystique, tout ce qu'il devait produire dans le cœur des élus, toutes les merveilles qu'il devait opérer sur la terre par lui-même durant sa vie mortelle, et par son Esprit après sa résurrection, enfin ce que saint Paul appelle : *Multiformis sapientia Dei* (la sagesse infiniment diverse de Dieu. Eph. III, 10). Mais tout cela se doit enfin terminer à cette unité adorable à laquelle nous tendons, qui est l'objet de notre espérance, et qui le doit être de tous nos désirs. Que tous les vôtres y tendent donc uniquement. Soyez la fille de l'unique désir, du désir de voir Dieu, de posséder Dieu, d'aimer souverainement Dieu, de louer éternellement sa grandeur et sa bonté infinie. Que ce seul désir remplisse et occupe votre cœur. Rapportez-y toutes les paroles de l'office de l'Avent, et qu'elles vous servent durant la journée à vous élever à Dieu, et à mettre en sa présence, comme dit David, tout votre désir: *Ante te omne desiderium meum.* (Ps. XXXVII, 10.) Ce désir qui comprend tout désir, ce désir universel qui nous sépare de la multiplicité des choses terrestres et temporelles, pour nous perdre dans l'unité divine et éternelle que Jésus-Christ a demandée pour nous, au dernier jour de sa vie, dans le *Memento* de son grand sacrifice.

Considérez que dans cet état d'infirmité et d'obéissance où vous vous trouvez, vous ferez peut-être plus que vous ne faisiez dans votre meilleure santé. On croit quelquefois faire beaucoup quand on se donne beaucoup de mouvement, et on ne fait rien par les défauts et les infidélités dont notre action et nos mouvements sont accompagnés. Au contraire, on fait souvent beaucoup quand on ne fait rien, lorsque le cœur agit devant Dieu par l'humilité, la douceur, la soumission, et l'union avec Dieu et avec Jésus-Christ, parce qu'alors c'est Dieu qui fait tout en nous, avec nous, et par nous. Notre Seigneur a fini sa mission dans l'état de sa plus grande impuissance, sans quitter sa qualité de pasteur et d'évêque de nos âmes, ou plutôt c'est dans cet état qu'il s'est fait voir le vrai et le bon Pasteur, *qui a donné sa vie pour ses brebis.* (Jean X, 14.) Adorez-le dans cet état, et estimez-vous heureuse d'avoir quelque part à cet état d'impuissance qu'il a porté sur sa croix, attaché à quatre clous, consumé de travaux et de souffrances, ayant perdu toutes ses forces avec son sang, n'ayant plus que les yeux et la langue de libres. Quel usage n'en a-t-il point fait? Il cherche de ses yeux ses ennemis; il prie pour eux; il jette sur un pécheur des regards de miséricorde, il lui promet son royaume; il regarde sa sainte mère et son disciple bien-aimé, et les donne l'un à l'autre, en les unissant par les liens les plus forts et

les plus tendres, tels que sont ceux qui unissent une mère à son fils unique. Tâchez, Madame, d'imiter ce bon Pasteur dans votre état
d'infirmité et de souffrance, et pour ainsi dire,
de mort. Vous n'avez point d'ennemis; mais si
vous avez quelques personnes pour qui vous
ayez quelque antipathie, ou qui vous aient
désobligée, appliquez-vous particulièrement
à prier pour elles, et à offrir à Dieu leurs besoins. Consolez celles qui vous paraissent les
plus faibles, qui ont plus de défauts, qui ont
plus besoin de la miséricorde de Dieu et du
secours des hommes. Votre état demande
nécessairement du relâchement; mais il faut
tâcher que l'indulgence qu'on doit au corps
n'éteigne pas la ferveur de l'esprit; ou plutôt
il faut, selon saint Paul, qu'à mesure que
*l'homme extérieur s'affaiblit et se cor-
rompt, l'homme intérieur prenne de jour
en jour de nouvelles forces* (2 Cor. IV, 16)
et une nouvelle vigueur. Je prie de tout mon
cœur l'Evêque de votre âme de vous bénir
et de vous sanctifier dans cet état si faible
et si humiliant. Portez-le, à son exemple, jusqu'à la fin en esprit d'obéissance, et répétez

souvent en esprit d'adoration ces divines paroles : *Il s'est rabaissé lui-même, se rendant obéissant jusqu'à la mort.* (Phil. II, 8.) Il a porté l'humiliation de ses propres langueurs, et il a porté en même temps toutes les nôtres. Il les porte tous les jours, et il les portera jusqu'à la fin ; unissez-vous donc bien à lui pour participer à cette force divine qui doit faire toute votre confiance.

XXVI

A Mme LA DUCHESSE DE GRAMMONT.

Que la mort soit un avantage et un bonheur, et que l'homme doive la regarder comme l'objet de ses désirs, c'est une doctrine que la nature n'a jamais pu goûter, et un paradoxe que la philosophie humaine n'a su comprendre jusqu'à présent, quoiqu'elle ait fait quelquefois semblant de le croire pour s'en faire honneur ; mais vous savez, Madame, que c'est une vérité que le Saint-Esprit nous a révélée par le ministère de saint Paul, qui en fait un des premiers principes de notre religion, et que l'exemple des saints, éclairés de la foi, et animés de la grâce de Jésus-Christ, nous force de regarder comme une maxime très-praticable. Car ne nous ont-ils pas fait voir par leur vie et par leur mort qu'il est plus facile à un vrai chrétien d'aimer la mort et d'en faire ses délices, que d'aimer la vie et d'y trouver son plaisir et sa joie?

Je dis à un vrai chrétien, à une âme qui vit de la foi : car pour les hommes charnels, qui sont attachés à la terre, et qui vivent selon leurs passions, l'Ecriture nous apprend que la seule pensée de la mort est pour eux un supplice. Mais un homme qui connaît pourquoi Dieu l'a créé, et pourquoi par une nouvelle création il l'a adopté pour un de ses enfants en le faisant membre du corps mystique de Jésus-Christ son Fils; un chrétien qui sait ce que le Saint-Esprit veut faire de son cœur; que ce peintre adorable en veut faire une vive image du Fils de Dieu même, en formant ici-bas par la foi les premiers traits de sa ressemblance, pour l'achever dans le ciel par la lumière de la gloire, et qu'en devenant ainsi enfant de Dieu, il en devient aussi l'héritier ; celui qui comprend ce qu'il doit à la justice de Dieu comme pécheur, et ce qu'il doit haïr en lui-même comme enfant d'Adam ; celui qui fait profession de n'être point de ce monde, qui passe sa vie dans le gémissement comme un captif dans Babylone, et qui a toujours les yeux de son cœur tournés vers la Jérusalem céleste comme en étant citoyen ; celui qui n'a que du dégoût pour les plaisirs et pour les richesses de la terre, et qui attend les joies du ciel et les biens éternels ; enfin celui qui peut dire avec saint Paul : *Mihi vivere Christus est*, Jésus-Christ *est ma vie ;* celui-là n'aura pas de peine à ajouter avec cet apôtre : *Et mori lucrum, la mort est* mon bien, *mon avantage* et mes délices.

Heureux donc celui qui a travaillé toute sa vie à former celle de Jésus-Christ dans son cœur, en crucifiant sa chair avec ses cupidités ! Heureuses les âmes en qui Jésus-Christ même a imprimé ses marques et ses stigmates, en les exerçant par de continuelles souffrances, par des persécutions intérieures ou extérieures, par des contradictions et des traverses fréquentes, par de longues maladies ou par d'autres voies, et à qui il a fait porter sa mortification et sa pénitence dans leurs corps, comme il l'a portée lui-même dans le sien! Qu'ont-elles à désirer ces âmes choisies, sinon que la mort de Jésus-Christ soit bientôt opérée en elles, comme parle l'apôtre, afin que sa vie ressuscitée s'y accomplisse aussi à son tour? Et quelle plus sainte et plus nécessaire occupation peuvent-elles avoir, que de travailler dans la retraite à entrer dans les dispositions de Jésus mourant, après s'être exercées dans celles de Jésus pénitent, et de s'y exciter par la considération de ces grandes qualités que nous venons de marquer, et qui contiennent autant de puissants motifs et de raisons essentielles qui nous doivent rendre la mort désirable et délicieuse? « Celui qui désire, comme l'apôtre, de quitter cette vie pour être avec Jésus-Christ, celui-là ne meurt point avec patience, mais il vit avec patience, et meurt avec plaisir, » dit saint Augustin. C'est, Madame, la disposition que je prie notre Seigneur de mettre dans votre cœur.

XXVII

A UN AMI QUI L'AVAIT LOUÉ.

L'idée que vous avez de moi, Monsieur, et le portrait que vous en faites, sont si éloignés de la vérité, que je n'ai pu lire votre lettre qu'avec une extrême confusion, et même avec tremblement. Car c'est un jugement de Dieu pour un homme aussi misérable que moi, que d'être exposé à la tentation des louanges qui viennent de la part des gens de bien. Quelque fausses qu'elles soient, elles sont en la main du diable un instrument, dont il ne se sert que trop adroitement pour entretenir l'orgueil, la vanité et l'amour-propre dont je puis dire en toute vérité que je suis pétri. Je me croirais réprouvé, si je me flattais d'être tel que vous me dépeignez. S'il y a dans les *Réflexions* (1) quelque chose du sel évangélique, il semble que je ne l'aie fait passer sur le papier que pour en vider mon cœur, tant je me trouve sec, aride et

(1) Il s'agit ici des *Réflexions morales sur le Nouveau-Testament*, dont Quesnel est l'auteur.

entièrement affadi ; de sorte qu'au lieu de recevoir vos louanges, je dois vous dire, Monsieur, de m'appliquer ce vers qu'un évêque fit mettre sur son tombeau pour toute épitaphe : *Concultate, pedes hominum, sal infatuatum* (1). C'est l'idée que vous devez, Monsieur, substituer à la place de celle qu'une fausse réputation vous a fait prendre. Je vous prie de m'en croire et de faire par vos prières des efforts qui m'obtiennent de la miséricorde de Dieu une véritable conversion, avant que le Seigneur vienne frapper à ma porte. Vous y êtes obligé non-seulement par charité, mais encore par justice, pour réparer le mal que j'aurai souffert et que je puis encore souffrir par les louanges dont vous m'avez lapidé et assassiné. Cependant, quelque dures que soient les pierres dont vous m'accablez, je dois aimer en vous la charité trop tendre qui vous fait tout croire, et recevoir trop facilement les impressions trop favorables à votre prochain. Mais je crains fort de prendre le change ; et qu'au lieu de la charité que je dois à votre

(1) Le sol que vous foulez est un sel sans saveur.

charité, cet homme *trompeur et injuste* qui est en moi, ne me porte par sa séduction à vous aimer par amour propre, et parce que je sens que vous m'estimez et m'aimez. J'ai grand sujet de répéter souvent et du fond du cœur ces paroles que nous disons au pied des autels : *Ab homine iniquo et doloso erue me* (Délivrez-moi de l'homme trompeur et injuste. Ps. XLII, 1). Dites-les, Monsieur, avec moi et pour moi, et que votre estime et votre amitié aboutissent à gémir pour ma conversion, au lieu de venir fondre sur moi comme sur un mur déjà penché, et sur une masure prête à tomber.

Du 19 avril 1717.

FRAGMENTS.

DE

LA LECTURE DE L'EVANGILE.

—

On ne peut avoir qu'une très-grande idée du livre des Evangiles quand on n'en dirait autre chose, sinon que c'est l'histoire de la vie, des actions et des souffrances du Sauveur du monde, et le fondement de la religion chrétienne qu'il est venu établir sur la terre. Mais on peut ajouter que le livre des Evangiles est proprement le livre des chrétiens, le livre des enfants de Dieu, que c'est par où ils connaissent leur adoption divine et leur nouvelle naissance en Jésus-Christ ; que c'est où ils découvrent les droits et les prérogatives de cette naissance céleste, où ils en apprennent la sainteté et les devoirs, et où ils doivent étudier les lois et les maximes sur lesquelles ils sont obligés de former leurs mœurs et de régler leur vie, pour n'être pas indignes de cette auguste qualité qui n'a rien de comparable sur la terre.

On peut dire encore que c'est le titre original qui renferme la promesse et le don de l'héritage du ciel, le contrat de la nouvelle alliance entre Dieu et l'homme, le code divin, pour ainsi dire, où sont consignées les lois fondamentales du royaume de Dieu; ou bien que c'est, comme parle saint Paul, l'Evangile du salut, qui nous apprend comment Dieu nous a prédestinés en Jésus-Christ pour une vie immortelle, comment il nous a donné son Fils par l'incarnation, et comment ce Fils a opéré notre salut au milieu de la terre par les mystères de sa vie et de sa mort; et comment enfin il nous a oints, marqués et scellés du sceau de son Esprit saint, le mettant dans nos cœurs pour y graver sa loi en nous la faisant aimer et accomplir, et pour y être les arrhes et le gage sacré de la gloire qui nous est réservée dans le ciel. Recevons donc l'Evangile avec respect et reconnaissance ; lisons-le avec amour et avec religion ; faisons-en nos délices et tous les saints usages que l'on doit faire d'un livre écrit par Jésus-Christ. Car c'est lui, n'en doutons pas, qui en est le véritable auteur, et loin de donner dans les visions dangereuses de certains écrivains, qui ont osé avancer qu'il n'est pas nécessaire qu'un livre historique, tel qu'est l'Evangile, ait été inspiré du Saint-Esprit pour être un livre divin et canonique, disons plutôt avec saint Augustin, « que quand les apôtres et les « disciples du Sauveur ont écrit ce qu'il a « fait et enseigné, il se faut bien garder de « dire que ce n'est pas lui qui l'a écrit ; puis- « que ce sont ses membres qui l'ont composé, « sans y rien écrire que ce que leur chef leur « a fait connaître et leur a dicté lui-même. « Car tout ce qu'il a voulu que nous lussions « de ses actions et de ses paroles, il le leur « a fait écrire comme par ses propres « mains (1). »

Quelle consolation à notre foi d'avoir un

(1) *De Cons. Evang.*, lib. I, c. 35.

fondement aussi inébranlable que celui-là! Quelle joie pour notre espérance de n'être pas moins assurés de la vérité et de la certitude des promesses que nous fait l'Evangile, que si la vérité même incarnée nous les faisait maintenant de sa propre bouche! Quel secours pour notre charité d'être assurés de trouver dans ce livre adorable le Médiateur, sans lequel nous ne pouvons être réconciliés avec Dieu; la voie sans laquelle nous ne pouvons aller à lui, le guide qui seul nous y peut conduire; la lumière hors laquelle tout est ténèbres; la victime dans le sang de laquelle nous devons être lavés; le prêtre toujours vivant, toujours présent, toujours agissant pour nous devant la face de Dieu; le maître que nous devons écouter; le modèle sur lequel nous devons former notre vie; l'exemple de toutes les vertus qui doivent nous rendre semblables à notre chef; en un mot, ce chef adorable comme le principe de la vie, de la foi et de l'esprit de la grâce dans ses membres, et comme le souverain juge des vivants et des morts.

Que si nous voulons bien étudier la justice

et la vie de la foi, qui est la vie des chrétiens, il faut que ce soit avec le respect, la docilité, la retenue, l'humilité, la soumission et la simplicité de la foi, loin d'y apporter la présomption, l'orgueil, la hardiesse et cet esprit de suffisance et d'indépendance que l'hérésie donne insensiblement à tous ceux qu'elle a séduits.

Une autre disposition pour lire l'Evangile avec fruit, que nous pouvons encore tirer des paroles de saint Paul, c'est une grande estime et un grand respect pour les choses mêmes qui paraissent basses ou petites aux yeux de la chair. Ceux qui les regardent des yeux de la foi, quand ils y étudient la justice et la vie de la foi, disent avec saint Paul qu'ils n'ont garde de rougir de l'Évangile, parce que *c'est la vertu de Dieu pour le salut de tous ceux qui croient.* (Rom. I, 16.) Saint Paul, en disant que c'est *la vertu de Dieu*, dit par ce seul mot tout ce qu'on peut dire de plus grand et de plus magnifique à l'avantage de ce livre divin. Car il veut dire que si l'on considère les vérités éternelles qui y sont annoncées, c'est Dieu qui y parle et qui y parle de Dieu, et qui y parle en Dieu ; parce qu'il y parle en même temps d'une manière digne de sa grandeur et de sa majesté infinie, et de la profondeur des mystères qu'il y annonce, et d'une manière proportionnée à la petitesse de ceux qu'il instruit, et à la différente capacité de ceux qui lisent ces oracles célestes.

Mais l'Evangile n'est *la vertu de Dieu pour le salut,* que quand le doigt de Dieu, c'est-à-dire son Esprit, daigne écrire dans les cœurs, et la foi des vérités éternelles et des mystères de Jésus-Christ, et l'espérance de l'accomplissement des promesses et des biens à venir, et l'amour de sa loi, de ses règles et de ses maximes évangéliques. Car sans cet Esprit vivifiant la lettre même de l'Evangile est une lettre qui tue, et une odeur de vie qui se change en une odeur de mort par l'abus qu'on en fait. D'où il est aisé de juger qu'il faut, pour le lire avec fruit, y joindre une prière capable d'attirer en nous son Esprit et sa bénédiction. Notre sanctification propre, autant que la sainteté de cette parole, demande que notre lecture tienne plus de l'adoration que de l'étude. Et puisque la nourriture, même corporelle, se doit prendre avec prière et action de grâces, combien plus cette nourriture spirituelle qui ne profite à l'âme qu'autant que le cœur y est ouvert, et que la vérité éternelle lui parle?

Mais la meilleure préparation pour bien lire l'Evangile, c'est de l'aimer, et on ne peut l'aimer ni y prendre goût, si l'amour des biens éternels ne domine dans notre cœur, ou au moins s'il n'y est commencé par un désir d'être à Dieu, et par une volonté de chercher son royaume et sa justice. *Mores perducunt ad intelligentiam*, dit saint Augustin. L'intelligence des vérités évangéliques est le fruit de la pureté des mœurs. Il faut que la vie soit conforme à l'Evangile, si nous voulons arriver à la connaissance des secrets, des mystères et de la sainteté de la perfection évangélique. Il faut être dégagé de l'amour des biens charnels et périssables, et aimer les choses du ciel et les biens éternels pour bien goûter un livre qui ne tend qu'à ruiner ce premier amour, et à établir le second sur ses ruines. Car Jésus-Christ ne l'appelle *Evangile*, ou l'*Evangile du royaume* selon saint Matthieu, ou l'*Evangile de la grâce de Dieu*, comme l'appelle l'apôtre de la grâce, ou l'*Evangile de la gloire de Dieu* et l'*Evangile de la paix*, comme il le qualifie ailleurs; il n'a, dis-je, été appelé ainsi que parce qu'il nous annonce l'accomplissement des promesses spirituelles, et nous apprend que Jésus-Christ, le pontife des biens à venir, est venu enfin nous apporter sa grâce et son Esprit pour nous conduire par ses voies à la céleste patrie, et nous y faire jouir, dans le sein de Dieu, des biens réservés à ses élus. Ce n'est pas que l'Evangile ne puisse et ne doive être lu par ceux mêmes dont la vie est déréglée; au contraire, il les faut inviter à chercher dans ce saint livre des remèdes à leur aveuglement et à leur cupidité. Et qui sait si Dieu n'a pas dessein de se servir d'une de ces paroles pour leur ouvrir les yeux et les convertir à lui, comme il le fit autrefois à l'égard de saint Antoine, touché et changé tout d'un coup par une parole de l'Evangile qu'il entendit en entrant dans l'église, et comme saint Augustin le fut par une parole de saint

Paul? Il faut donc, si l'on peut, leur faire lire l'Evangile ; mais en même temps il faut, dit saint Augustin, « leur arracher comme « à des enfants, ces amusements puérils qui « font la folle occupation de leurs esprits, « afin qu'on puisse leur en substituer de plus « utiles comme à des personnes raisonna- « bles. » Et afin qu'ils puissent s'élever de terre où on les voit se traîner, il faut leur dire avec ce saint : « Levez-vous, cherchez, sou- « pirez, aspirez par d'ardents désirs, et frap- « pez à cette porte que vous trouvez fermée. »

Purifions donc nos cœurs pour la lecture de l'Evangile, et cette lecture les purifiera encore davantage. Sanctifions nos mœurs par respect pour ce saint livre, et ce livre nous sanctifiera de plus en plus. Ayons de l'ardeur pour cette parole toute de feu, et ce feu embrasera nos cœurs d'une manière qui nous fera dire avec admiration, comme à ses deux disciples : *Ne sentions-nous pas nos cœurs tout brûlants dans nous-mêmes, lorsqu'il nous parlait et qu'il nous expliquait les Ecritures ?* Faisons nos délices de ces douceurs que Dieu a renfermées pour nous dans la Parole de son Fils, et nous verrons que cette Parole si délicieuse nous fera trouver, de jour en jour, de l'amertume dans tout ce que le monde appelle douceur et divertissement. Enfin, nous trouverons notre instruction, notre force, notre consolation, notre conseil, notre sûreté et notre protection dans ce trésor que Dieu a mis dans l'Eglise pour être dispensé par elle à ses enfants. Nous apprendrons dans la Parole de Jésus-Christ, quel est pour nous le cœur de Jésus-Christ, et quel doit être pour Jésus-Christ le cœur d'un chrétien ; et la sagesse divine renfermée sous l'écorce de cette lettre adorable, venant dans nos cœurs, toutes sortes de biens nous y viendront avec elle.

La seule vue de l'Evangile, dit saint Chrysostôme, est capable de nous porter à régler nos pensées et nos désirs, et de nous donner du dégoût des choses de cette vie. Quand ce livre sacré est dans une maison, dit-il encore, c'est comme un arsenal rempli d'armes qui met cette maison en sûreté. Il en éloigne toute la puissance de l'enfer, et le diable n'oserait y entrer. Jeter les yeux dessus avec respect, c'est assez quelquefois pour nous empêcher de tomber dans le péché : c'est assez pour remuer notre conscience, et nous faire concevoir de la honte de nos crimes, si nous sommes assez malheureux pour nous y être laissés aller. Que si l'on y joint une soigneuse lecture, ajoute ce saint Père, l'âme, se trouvant comme dans un sanctuaire divin, devient plus pure et plus parfaite par les entretiens qu'elle a avec son Dieu en lisant sa sainte Parole.

Ce n'est pas seulement un sanctuaire, c'est, selon saint Augustin, un ciel où Dieu nous fait voir les merveilles de sa grâce, les richesses de sa miséricorde, et les desseins adorables de sa sagesse et de sa puissance.

Entrons donc avec confiance dans ce sanctuaire consacré par le sang de notre Sauveur. Elevons-nous jusque dans ce ciel que son Esprit a formé pour nous sur la terre. Ouvrons les yeux de notre foi et contemplons avec respect, avec reconnaissance, avec amour, les trésors et les biens qui sont le patrimoine et l'héritage des enfants de la promesse ; et que chacun de nous fasse avec saint Augustin cette prière pour obtenir la lumière et la grâce de profiter de la lecture du livre de Jésus-Christ : « Faites-nous la grâce, ô mon Dieu, de voir à découvert ce ciel qui est l'ouvrage de vos mains. Dissipez de devant nos yeux les nuages qui nous le cachent. C'est dans ces livres divins que se trouvent ces oracles par où vous communiquez la sagesse aux humbles. Portez votre gloire à son plus haut point par la bouche de ceux qui nous parlent dans ces livres, et qu'on peut appeler des enfants par la simplicité de leur langage. Car nous ne connaissons point de livres qui soient capables, comme ceux-là, de détruire l'orgueil et d'abattre vos ennemis ; c'est-à-dire ceux qui voudraient s'excuser dans leurs péchés, et qui, par là, ne font qu'éloigner leur réconciliation avec vous. Non, mon Dieu, je ne connais point de livres comparables à ces livres si saints. Ce sont eux qui m'ont fait plier le cou sous votre joug, qui m'ont porté à vous confesser mes misères, et qui m'ont appris à vous servir d'un culte tout gratuit. Faites donc que je les entende, Père de miséricorde, et récompensez par cette grâce la soumission que je leur rends. Car vous n'en avez si solidement établi l'autorité qu'en faveur de ceux qui s'y soumettraient (1). »

(1) *Confessions*, liv. XIII, c. 15.

OBSCURITÉS DE SAINT PAUL,

ET DE SES ÉPITRES.

—

L'Evangile est en quelque sorte plus proportionné à la portée du commun des fidèles. Le Fils de Dieu y enseigne les plus hautes vérités d'une manière plus simple, plus familière, plus rabaissée, et qui répond à l'état du Verbe incarné, qui a daigné s'abaisser jusqu'à se faire un corps grossier de la même terre dont nous sommes formés. Mais, depuis sa résurrection, sa parole semble être revêtue, aussi bien que lui-même, de lumière et de force. Elle porte les qualités de l'état triomphant de l'Homme-Dieu, et on ne peut lire cette parole dans saint Paul, sans s'apercevoir qu'il y parle comme l'apôtre de Jésus-Christ glorifié et élevé dans le sein de son père. En même temps que ce grand docteur fait profession de rejeter tout ce que l'éloquence humaine a de plus fort et de plus persuasif, il ne peut s'empêcher d'avouer que ses discours sont pleins de l'Esprit et de la vertu de Dieu ; que ce qu'il prêche, il le prêche aux parfaits, et qu'il leur annonce ce qu'il y a de plus grand et de plus élevé dans le secret de la sagesse divine. C'est dans ce sens que saint Jean Chrysostôme, faisant allusion à ce que Jésus-Christ avait prédit à ses apôtres : *Que celui qui croirait en lui ferait les œuvres qu'il faisait et en ferait encore de plus grandes* (Jean XIV, 12), n'a pas craint de dire que le Fils de Dieu avait en quelque manière découvert de plus grandes choses par la bouche de saint Paul, qu'il n'en avait enseigné par lui-même.

Mais autant saint Paul est sublime dans la doctrine des mystères et dans les hautes vérités de la religion, autant est-il simple dans les instructions de piété et dans les maximes de la morale évangélique. Tout y est grand, tout y est saint, tout y est vif et énergique ; et néanmoins tout y est clair, tout y est intelligible, tout y est à la portée des esprits les plus médiocres.

S'il s'élève souvent jusques au ciel comme un aigle, pour nous découvrir les mystères les plus cachés, et pour nous expliquer les plus hautes et les plus sublimes vérités de la religion, l'on voit bientôt après cet aigle se rabaisser vers la terre comme pour y chercher ses petits, et les remettre sous ses ailes; c'est-à-dire pour donner aux plus faibles toutes les instructions nécessaires avec les expressions les plus familières et les plus communes.

Saint Paul a, en plusieurs endroits, ses obscurités et ses ténèbres; son obscurité vient en partie de la sublimité des mystères et des vérités qu'il traite; en partie de l'extrême disproportion des paroles dont il est obligé de se servir pour les expliquer. Il parle des choses toutes célestes et toutes divines, et il n'a que des paroles humaines. Il prêche une sagesse qui n'est point de ce monde, et il n'a pour l'exprimer que des mots déterminés par l'usage de ce monde au commerce ordinaire des hommes terrestres.

Son style est un style tout de feu qui éblouit par l'abondance de sa lumière, et qu'on suit avec peine à cause de sa rapidité et de son élévation. C'est un homme qui parle sur la terre, mais qui est plus du ciel que de la terre;

un homme dont la langue, s'il est permis de le dire après saint Chrysostôme, était un chérubin de la terre sur qui Jésus-Christ se reposait, comme Dieu, selon l'Ecriture, est assis sur les chérubins du ciel; et qui s'élevait, comme un séraphin, jusques à ce qu'il y a de plus élevé et de plus sublime dans la science de Dieu.

Mais il y a une sorte d'obscurité dans saint Paul aussi bien que dans toute l'Ecriture sainte, dont la source n'est que dans nous-mêmes, et qui ne vient que des ténèbres de notre cœur : *Car nul ne connaît ce qui est de Dieu que l'Esprit de Dieu, et c'est cet Esprit qui nous a été donné pour connaître les dons que Dieu nous a faits, et non pas l'esprit du monde.* (I. Cor. II, 11, 12.) Ceux donc qui sont possédés de ce dernier, qui suivent sa lumière, qui vivent selon ses maximes, qui aiment ce qu'il aime, et qui jugent comme lui de toutes choses; ceux-là sont bien éloignés de trouver dans la Parole de Dieu cette lumière de vie qu'ils n'y veulent point rencontrer. *L'homme animal ne conçoit point les choses qui sont de l'Esprit de Dieu. Elles lui paraissent une folie, et il ne peut les comprendre; parce que c'est par une lumière spirituelle qu'on en doit juger.* (I. Cor. II, 24.) Or, cette sorte d'obscurité que les ténèbres de notre cœur répandent sur la Parole de Dieu à notre égard, a ses degrés différents, selon les différents degrés de ténèbres que nous portons en nous-mêmes. Car, quoiqu'on n'apporte pas à cette lecture un cœur tout couvert de ténèbres, comme une terre d'Egypte, je veux dire un cœur mort et corrompu par le péché et par l'amour du péché, on y peut apporter un cœur qui ne soit pas assez purifié de l'esprit du monde, qui en conserve encore quelque amour, qui soit plein de petites cupidités auxquelles il obéit sans s'appliquer à les vaincre, qui n'ait pas une intention assez pure, et dans tout le corps de ses actions, et dans la recherche qu'il fait de la vérité dans les Ecritures. Dieu se cache souvent de ces sortes de personnes, et ces défauts, ou d'autres semblables, leur sont un voile qui leur dérobe une partie de la lumière de ces livres divins.

Enfin il y a, pour certains esprits, des ténèbres dans la Parole de Dieu, et surtout dans saint Paul, qui viennent de l'abus de la lumière même dans cette Parole. Car il arrive à des chrétiens, à qui le livre des Ecritures avait été ouvert (et plût à Dieu que ce malheur fût plus rare !) il leur arrive, dis-je, à l'égard de l'Evangile et des Epîtres de saint Paul, ce que saint Paul nous apprend être arrivé aux savants d'entre les païens à l'égard des ouvrages du Créateur, et de la beauté du ciel et de la terre, qui sont comme l'Evangile naturel de Dieu, et une écriture formée de sa main pour rendre visibles aux hommes ses grandeurs invisibles, et leur faire connaître sa toute-puissance et sa divinité. Ces chrétiens ayant connu Jésus-Christ, Homme-Dieu, dans l'Evangile et dans les écrits des apôtres, *ils ne l'ont point glorifié comme Dieu*, et comme Sauveur, *et ils ne lui ont point rendu grâces ; mais ils se sont égarés dans leurs vains raisonnements, et leur cœur insensé a été rempli de ténèbres.* (Rom. I, 21.) Ils sont devenus ignorants et aveugles dans les Ecritures et par les Ecri-

tures mêmes, en s'attribuant le nom de sages
et de savants. Ils n'y ont plus vu ce qu'ils y
voyaient autrefois ; ils n'y ont plus trouvé
que les visions de leur cœur ; et pour avoir
ainsi retenu la vérité de Dieu dans l'injustice,
et l'avoir fait servir à leurs passions, à leur
repos, à leur fortune, ils ont été privés de la
vérité, livrés à l'erreur et abandonnés à l'illusion de leur propre esprit.

Puisque c'est l'orgueil qui produit ces der-
nières ténèbres, il faut, pour s'en défendre
et pour les prévenir, lire la Parole de Dieu
avec une profonde humilité, et ne s'en approcher qu'en esprit d'adoration et de prière,
comme un pauvre qui y vient chercher le
pain de son âme dont il s'est rendu indigne.
Il faut se souvenir, que « ce livre est aussi
« inaccessible à l'orgueil des sages du siècle,
« qu'il est au-dessus de la portée des enfants,
« comme parle saint Augustin ; qu'il est sim-
« ple en apparence, mais en effet infiniment
« relevé ; plein de mystères, mais de mystères
« voilés, et qui ne se découvrent qu'aux
« humbles et aux petits, à mesure qu'ils

« avancent (1).» C'est encore par l'humilité et la prière que l'on conserve ce que l'on a acquis de connaissance à la faveur de ces deux vertus. Mais comme il y a un véritable orgueil à la rapporter à nous-mêmes, et à s'en vouloir faire honneur devant les hommes, il y a aussi une fausse humilité à la laisser inutile, quand, ou notre état ou des engagements qui viennent de la Providence, ou la nécessité de la charité, nous appellent à la communiquer au prochain. « Car vous nous mena-
« cez, Seigneur, de nous priver de la vérité,
« si nous prétendons ne l'avoir que pour nous.
« Et quiconque veut réserver pour lui seul
« ce que vous offrez à tout le monde, et faire
« son propre de ce qui appartient aux autres
« comme à lui, est exclus de ce bien com-
« mun, qui n'est autre que la vérité, et réduit
« à ce qu'il peut trouver dans son propre
« fonds, c'est-à-dire à l'erreur et au men-
« songe (2). »

L'obscurité que nos défauts ordinaires

(1) *Confessions*, liv. III, chap. 5.
(2) *Confessions*, liv. XII, chap. 15.

nous peuvent faire trouver dans saint Paul et dans le reste de l'Ecriture, nous oblige de travailler à mériter la lumière de Dieu par la pureté des mœurs. C'est la vie chrétienne et évangélique qui est la clef de l'Evangile de Jésus-Christ. C'est par la piété que l'on entre dans l'intelligence des Ecritures; et la science de Jésus-Christ et de ses maximes, qui en sont la substance et le fond, est plus l'affaire du cœur que de l'esprit.

Enfin, l'obscurité qui vient du langage et du style se peut vaincre par une lecture fréquente et assidue. Quelque inconnue que soit une langue, on l'apprend à la fin en fréquentant ceux qui la parlent, et en vivant avec eux familièrement. Ainsi, en se rendant saint Paul familier, on apprendra la langue de saint Paul. Ses manières de parler ne nous seront plus inconnues. Nous les aurons toujours présentes à notre esprit, et gravées dans notre mémoire; et aidés par les instructions de l'Eglise, qui éclaircit en différentes rencontres ce que saint Pierre avait remarqué de difficile dans ces épîtres, nous pourrons trouver dans saint Paul, en suivant ses principes, un fidèle interprète de ses paroles et de ses pensées. C'est sans doute le meilleur moyen de prendre bien le sens de ce grand docteur, et d'apprendre cette sublime théologie qu'il enseigne aux parfaits, non par des discours d'une science humaine, mais par ceux qu'il avait appris dans l'école du Saint-Esprit. En effet, pour peu qu'on s'applique à la lecture des épîtres de saint Paul, quels trésors! quelles richesses! quelles merveilles n'y découvre-t-on point! On se sent pénétré jusqu'au fond du cœur de la grandeur et de la majesté de Dieu, dont il parle d'une manière si digne et si magnifique. La charité excessive de Jésus-Christ pour les pécheurs, s'y trouve comme peinte avec les traits et le pinceau de la charité même ; et tous ses états et ses mystères différents, les trésors de sa sagesse et de sa science, la vertu de sa croix et la vertu de sa grâce, y sont expliqués d'une manière si noble et si élevée, si vive et si pénétrante, que l'esprit d'un homme mortel est trop borné pour recevoir tant de lumières; et qu'un cœur ne suffit pas pour porter tous les sentiments qu'elles y excitent et les impressions qu'elles y font. Mais quelle estime et quel respect n'inspirent-elles point pour la religion chrétienne ! Quel amour pour l'Eglise, quel zèle pour la vérité ! Quel mépris pour les choses de la terre, quelle passion pour les biens du ciel, quel attachement pour Jésus-Christ crucifié, quel empressement de se réunir à lui, quelle haine du péché, quelle vénération pour la vertu, quelle idée de la grâce du baptême, quelle foi pour le sacrifice et pour les sacrements de l'Eglise, quelle reconnaissance pour la miséricorde de Dieu, quelle confiance aux mérites et à la grâce de Jésus-Christ, quelle défiance de nous-mêmes et de nos œuvres, quel goût pour la Parole de Dieu, quelle joie dans la participation des souffrances du Sauveur ; en un mot, quelle estime et quel amour pour tout ce qui est de la vie de la foi et de l'esprit du christianisme, et pour toutes les choses de Dieu !

Il ne faut donc pas s'étonner si les épîtres de ce grand apôtre ont toujours fait l'occupation et les délices des plus grands docteurs. Saint Chrysostôme ne pouvait ni les quitter ni s'en rassasier. Saint Augustin commença par saint Paul à goûter les saintes Ecritures, quand il plut à Dieu de lui en ouvrir le sens. Ce fut par ses épîtres qu'il commença de découvrir et d'admirer les merveilles de la conduite de Dieu sur les hommes, et qu'il se sentit pénétré du profond respect qu'elles impriment. Par elles le Seigneur attaqua de toutes parts et ébranla ce cœur qui se défendait encore contre la grâce; et par elles, enfin, cette grâce triompha de toutes les résistances d'Augustin; de sorte que comme la prière de saint Etienne acquit saint Paul à l'Eglise, on peut dire que la lecture de saint Paul donna à l'Eglise saint Augustin, et donna à saint Paul même le plus humble et le plus fidèle de ses disciples, le plus savant et le plus éclairé de ses interprètes, le plus zélé et le plus ardent défenseur de sa doctrine.

LES QUATRE ÉTATS

DU MONDE ET DU CHRÉTIEN.

Il est quatre états par lesquels le monde a passé ou passera, et par lesquels aussi chaque chrétien passe ordinairement. 1° Avant la Loi; 2° sous la Loi; 3° sous la Grâce; 4° dans la Paix.

Le premier, depuis Adam jusqu'à Moïse.

Le second, depuis Moïse jusqu'à Jésus-Christ.

Le troisième, depuis Jésus-Christ jusqu'à la fin des siècles.

Le quatrième et le dernier, depuis la fin des siècles jusque dans l'éternité.

Dans le premier, on ne connaît ni le péché ni la Loi qui le défend. Dans le second, on connaît l'un et l'autre; on combat pour éviter le péché et pour garder la Loi, mais on succombe et on est vaincu. Dans le troisième, on combat et on est victorieux. Dans le dernier, il n'y a plus de combat, **mais la victoire** et la paix sont pleines.

Le premier est le règne de l'ignorance, dans lequel les hommes passent les premières années de leur vie et de leur enfance. Le second est le règne de la cupidité, dans lequel se passe ordinairement la jeunesse. Le troisième est le règne de la charité, mais imparfaite, qui convient aux justes en cette vie. Le quatrième est le règne parfait de la charité, dans la gloire qui n'est que pour les élus dans le ciel.

La Loi, par sa lumière, **nous tire du pre**mier état.

La Grâce, par sa force, nous délivre **du** second.

La Gloire, par sa sainteté, perfectionne le troisième,

Et établit le quatrième qui ne finira jamais.

Un chrétien se forme donc, en sortant de ces états différents, et son occupation en cette vie doit être de s'instruire de la loi de Dieu, par la lecture, ou les instructions de vive voix, pour guérir son esprit de l'ignorance ;

de prier, pour attirer la grâce qui guérisse son cœur de la cupidité; de gémir et de soupirer après la mort, qui détruit toutes les semences et tous les restes de la concupiscence, et après la paix du ciel qui consomme l'âme dans la charité.

L'ESPÉRANCE.

—

Il n'y a guère d'ambition qui ne se bornât à la possession d'un royaume et d'un empire; mais il n'y a guère d'espérance humaine qui tende jusque-là, et qui se flatte d'y pouvoir arriver. Il n'est pas moins rare de vouloir bien partager son espérance avec un autre, quand il est question de régner; et il n'y a peut-être jamais eu que l'impuissance de régner seuls, qui ait porté quelques empereurs à en faire régner d'autres avec eux. Il n'y a que l'espérance chrétienne qui inspire en même temps à tous les membres de Jésus-Christ le désir de régner et de régner tous ensemble sur un même trône. C'est cette espérance qui doit faire toute notre ambition. C'est à ce royaume éternel qu'il faut tendre par le mépris de toutes choses, et même de tous les empires de la terre, s'ils étaient en notre pouvoir.

Rien ne rend plus méprisable ce que l'on possède que l'attente de quelque chose de plus grand. Celui qui se voit destiné à un empire, ne saurait être content de toute autre fortune. Rien aussi ne doit détacher plus efficacement une âme chrétienne des plaisirs de la vie, de l'enivrement des fausses grandeurs et des richesses du monde, et de tout ce que l'ambition se peut figurer de plus grand que l'espérance d'un royaume dont l'empire de l'univers ne mérite pas d'être l'ombre, et que l'attente de cette joie céleste et souveraine qui fera le bonheur éternel.

C'est ce que doit produire en nous l'espérance chrétienne. Et en vain nous nous flattons de l'avoir dans notre cœur, si nous aimons les choses de la terre aussi vivement que si nous n'attendions pas le royaume de Dieu. Car elle n'est point dans notre cœur, si elle n'y fait rien; et elle n'y fait pas ce qu'elle y doit faire, si elle ne le détache de l'amour de la vie présente, si elle ne nous tient toujours prêts à la quitter au premier ordre : semblables à ces anciens pères de notre espérance et de notre foi, Abraham, Isaac et Jacob, qui demeuraient dans ce pays délicieux que Dieu leur avait lui-même donné, comme dans une terre étrangère, habitant sous des tentes, parce que n'ayant que quelque centaine d'années à vivre, ils ne croyaient pas que cela valût la peine de s'établir sur la terre en bâtissant des villes et des maisons; *car ils attendaient cette cité bâtie sur un fondement solide et inébranlable, dont Dieu même est le fondateur et l'architecte.* (Hébreux, XI, 10.) Je ne sais comment nous avons l'assurance de dire que nous attendons aussi bien qu'eux cette cité sainte, cette Jérusalem céleste, nous qui nous établissons sur la terre comme si nous ne la devions jamais quitter, et qui sommes peut-être aussi occupés des soins du siècle, des commodités de cette vie, des desseins de fortune, du désir de nous élever aux honneurs, d'augmenter nos biens et nos richesses, d'établir notre réputation en cette vie, que si nous n'en attendions pas une autre.

Si nous sommes dans cet assoupissement, réveillons-nous; ranimons notre espérance; que tout nous semble une perte au prix des biens que nous attendons; que ce qui paraît un gain et un avantage à ceux qui ont l'esprit du monde, nous paraisse une perte et un désavantage à nous qui avons reçu l'Esprit de Jésus-Christ pour estimer les dons de Dieu et l'héritage qu'il nous destine. Privons-nous de toutes choses et les regardons comme des ordures, afin de gagner Jésus-Christ. Efforçons-nous de parvenir, à quelque prix que ce soit, à la bienheureuse résurrection des morts. Ne faisons point comme si nous avions déjà reçu ce que nous espérons, ou comme si nous étions déjà parfaits : mais poursuivons notre course pour tâcher d'atteindre où le Seigneur Jésus-Christ nous a destinés, en nous unissant à lui ; et faisons état que tout ce que nous avons à faire en cette vie est d'oublier ce qui est derrière nous, et de nous avancer vers ce qui est devant nous, et de courir, sans nous arrêter, vers le bout de la carrière, pour emporter le prix de la félicité du ciel, à laquelle Dieu nous a appelés par Jésus-Christ.

JÉSUS-CHRIST PÉNITENT.

—

La pénitence a un rapport si essentiel à Jésus-Christ, que l'on n'y peut penser, ni en parler comme il faut, sans jeter en même temps les yeux sur cet adorable Sauveur. C'est lui qui est l'instituteur et le fondateur de la pénitence, qui en répand l'esprit et la grâce, qui est le modèle, la règle et le chef de tous ceux qui veulent l'embrasser, qui enfin est le pénitent universel de toute son Église, comme ayant représenté devant le tribunal de son Père tous les pécheurs du monde, ayant subi pour eux tous et en leur place le jugement de Dieu, et ayant porté dans son corps et dans son cœur tous les effets de sa justice, et toutes les dispositions d'un véritable pénitent.

Ces dispositions de Jésus-Christ pénitent, sont exprimées dans les sept psaumes de la pénitence d'une manière vive, pathétique et fort touchante ; et c'est principalement pour nous les faire connaître, que le Saint-Esprit a voulu que ce grand roi ait rendu sa pénitence publique, et l'ait exposée à la vue de tous les siècles. Car c'est moins David qui y parle ordinairement que Jésus-Christ. Ce sont moins les sentiments du cœur de ce prophète que les mouvements et les dispositions du cœur pénitent de Jésus-Christ, qu'il nous découvre et nous met devant les yeux comme un modèle parfait et achevé de la pénitence chrétienne.

C'est pourquoi les psaumes de David, et quelques chapitres d'Isaïe et des autres prophètes, peuvent être appelés avec raison le supplément des évangélistes ; parce que, comme ceux-ci nous ont donné le corps de la pénitence du Fils de Dieu incarné, en écrivant l'histoire de sa vie et de sa mort, et en exposant à nos yeux les mystères qu'il a accomplis sur la terre, ceux-là nous font connaître l'âme et l'esprit de sa pénitence, en nous représentant les dispositions saintes dont il animait ses actions et ses souffrances, et ce feu sacré qui consumait l'holocauste de son cœur aux yeux de Dieu, pendant que son corps était sacrifié aux yeux des hommes par la faim et la soif, par tous les travaux de sa vie, et par toutes sortes de tourments.

Ce qu'un ancien auteur ecclésiastique a dit de lui-même : « qu'il n'était né pour autre « chose que pour faire pénitence, » peut bien en quelque manière être appliqué au Fils de Dieu. Le zèle, la promptitude et la fidélité avec laquelle il s'est consacré à la pénitence, depuis le premier moment de sa vie jusqu'au dernier soupir, font bien voir qu'il ne s'est jamais regardé que comme une victime destinée à la pénitence, à la croix et à la mort par la justice de son Père.

Il n'y a qu'un seul moment dans sa vie où il semble avoir interrompu sa pénitence, qui est le moment de sa transfiguration, où nous ne voyons rien en lui que d'éclatant, de glorieux et de divin, et où il paraît parfaitement affranchi et dégagé de tout ce que la pénitence a d'humiliant, de pénible et de crucifiant. Il n'y a pas jusqu'à ses habits, qui devenant aussi blancs que la neige, et tout brillants de lumière , ne semblent quitter tout ce qui pourrait marquer l'humiliation et la tristesse de la pénitence, que pour se revêtir des marques de l'innocence et de la sainteté parfaite de celui qu'ils couvraient.

Mais ce n'est que dans la dernière année, et sur la fin de sa vie ; ce n'est qu'après plus de trente ans de pénitence ; ce n'est que dans un désert écarté ; ce n'est qu'un moment ; ce n'est qu'en présence de trois personnes seulement, qu'il laisse échapper, pour ainsi dire, cet éclat de gloire. Encore leur défend-il de le découvrir à qui que ce soit, avant sa mort. Et ce qui est bien remarquable, et nous fait connaître que Jésus-Christ n'a pas été un seul moment sans porter la pénitence dans son cœur, c'est que durant ce moment même de gloire et de splendeur, il ne s'entretient d'autre chose que de ses souffrances, de sa croix, de sa mort, et de tous les degrés et toutes les circonstances funestes de cette pénitence publique qu'il devait bientôt faire dans Jérusalem, à la vue du ciel et de la terre, des hommes et des anges, des Juifs et des Gentils.

Mais ce moment de gloire nous était encore

nécessaire, pour nous rendre attentifs à une sorte de pénitence qu'il a portée toute sa vie, et que peu de personnes considèrent assez, quoiqu'elle soit très considérable, et une des plus grandes pénitences du Fils de Dieu, et qu'elle ait été le principe de toutes les autres qu'il a souffertes dans son corps mortel. Car ce moment de gloire et de splendeur réveille nos esprits, et nous fait faire réflexion sur la grandeur de la privation de cette gloire, que le Fils de Dieu a portée dans un corps où résidait la Divinité, et la plénitude de la Divinité, comme dans un corps qui était devenu le corps d'un Dieu. De quelle gloire ne devait point être rempli un tel corps? Quelle lumière et quelle majesté n'y devaient point éclater aux yeux des hommes? Quel droit n'avait point une âme qui jouissait de Dieu, le Fils de Dieu même, engendré dans la splendeur de la gloire, d'avoir, dès le moment de son union avec notre nature, un corps tout brillant de gloire, et *d'une gloire digne du Fils unique du Père,* telle qu'elle parut alors, comme nous l'apprend un de ceux qui en avaient été témoins? Cependant il s'en est privé toute sa vie; et il s'en est privé, afin que son corps pût être sujet à la faim, à la soif, à la fatigue du travail et des voyages, aux humiliations, aux outrages, à toutes les souffrances, et à la mort même, qu'il voulait porter pour satisfaire en notre place à la justice de Dieu.

Loin donc de regarder ce moment de la transfiguration comme un moment vide, et qui semble ne nous pas prêcher la pénitence comme tous ses autres mystères, reconnaissons qu'il nous la prêche d'une manière aussi vive et aussi forte que les autres parties de la vie du Fils de Dieu ; qu'il sert à nous faire connaître une pénitence qui se trouve toujours dans toutes les autres, et qui en est le fondement et la source ; et que cette violence, pour ainsi dire, et ce miracle continuel que Jésus-Christ a fait sur lui-même, pour suspendre et arrêter la gloire qui devait naturellement se répandre comme un torrent sur son corps, contient une des plus nécessaires instructions de la pénitence chrétienne. Car quelle est la grande plaie du genre humain, sinon l'orgueil, qui nous porte à rechercher toujours notre propre gloire, à nous approprier le bien que Dieu a mis en nous, à nous produire au monde, en nous montrant toujours par l'endroit qui nous fait honneur et à éviter avec soin ce qui nous peut faire perdre quelque chose de l'estime des hommes?

Et qu'y a-t-il de plus opposé et de plus contraire à un cœur pénitent, que ce péché, ou plutôt cette source de tout péché, qui fait du cœur de l'homme ce mauvais trésor dont parle Jésus-Christ, ce fonds corrompu dont il tire toutes sortes de mauvaises choses, et cette plénitude déplorable, *abundantia cordis*, qui fait que souvent l'on porte un cœur impénitent dans un corps accablé des pénitences les plus austères?

Et quel remède plus salutaire pour guérir notre orgueil que de considérer le Fils de Dieu se priver, durant plus de trente ans, de la gloire de son corps, à laquelle il avait droit, pour se mettre en état de souffrir tous les opprobres et toute la confusion qu'il voulait souffrir pour nous? Oh! combien est vrai ce que dit saint Paul, *que Jésus-Christ n'a pas cherché ce qui était de sa propre satis faction et de sa propre gloire, mais qu'il s'est mis en état de pouvoir dire à son Père ce qui est écrit : Les opprobres et les injures qu'on vous a faites sont tombées sur moi !*

Cette privation est, sans doute, une des choses que l'apôtre a voulu exprimer par le mot *d'anéantissement,* dont il s'est servi pour nous représenter l'état dans lequel le Fils de Dieu est entré par son incarnation, *semetipsum exinanivit,* ou, comme d'anciens Pères traduisent, conformément à la force du mot original, *evacuavit, exhausit semetipsum :* Il s'est comme vidé de lui-même, pour confondre le pécheur toujours plein de lui-même, toujours avide de l'estime des hommes et de la gloire du monde. C'est là assurément le premier degré et le premier pas de la pénitence du Fils de Dieu, comme c'est le premier mystère de sa vie.

L'homme pécheur est plus irrégulier pour le sacrifice de la pénitence que les animaux appelés impurs ne l'étaient pour les sacrifices de la loi; et cette irrégularité légale n'était instituée que pour représenter a l'homme sa propre indignité, et l'impuissance où il était de satisfaire par lui-même pour ses péchés.

Les sacrifices des animaux appelés purs n'avaient aucune irrégularité qui pût irriter Dieu : mais ils n'avaient rien qui pût l'apaiser en satisfaisant à sa justice. Ils n'étaient des sacrifices qu'en peinture, et des exécutions en effigie et en figures, exposés durant quatre mille ans aux yeux des hommes, pour faire connaître le crime et le criminel, jusqu'à ce que la justice de Dieu en fût saisie.

Oserions-nous dire que Jésus-Christ, chargé de nos crimes, est en un sens ce criminel que la justice de Dieu poursuit? Jésus-Christ, dis-je, qui, par sa nature, est l'innocence et la sainteté même; mais qui, par son amour, qui lui a fait prendre sur lui les iniquités de nous tous, est devenu le criminel universel de tous les péchés du monde, et s'est offert à son Père pour en faire la pénitence, et en souffrir la punition.

Mais comme c'est un saint criminel et un pénitent tout volontaire, qui n'est criminel que par la volonté des pécheurs, et qui est pénitent par la volonté de son Juge qu'il adore et qu'il aime, et par sa volonté propre, toujours soumise et conforme à celle de son Père, bien loin de se dérober à sa justice, il se présente à lui de son propre mouvement : *Me voici !* (Hebr. X, 7.) Il obéit à l'arrêt prononcé contre lui de toute éternité : *Je viens*, dit-il (Hebr. X, 5. Ps. XXXIX, 7.), *selon qu'il est écrit de moi dans le livre* secret des décrets et des desseins de Dieu, dont le premier est l'incarnation de son Fils, qui renferme tous les autres. Il exécute volontairement ce décret éternel, en vertu duquel il prend une chair pour souffrir : *Vous m'avez formé un corps.* (Ibid.) *Le Verbe s'est fait chair.* (Jean, I, 14.) Il se livre et s'abandonne à son Juge, afin qu'il fasse de lui tout ce qu'il voudra : *Pour faire, mon Dieu, votre volonté.*

Cette oblation qu'il a faite de lui-même à son Père, pour être sa victime, et pour être en cette qualité le pénitent universel de tous les péchés du monde, nous doit être d'autant plus chère que c'est par rapport à cette oblation, et en vertu de l'acceptation que Dieu en a faite que tout ce que nous pouvons faire de pénitence, est reçu de Dieu, parce que le Fils de Dieu, en s'offrant à son Père, s'est offert tout entier, c'est-à-dire, lui et son Eglise, le chef et les membres.

ÉLÉVATION A JÉSUS-CHRIST

SUR

SA PASSION ET SA MORT.

—

I

Durant les jours de votre chair, ô Jésus mon Seigneur! et dans le séjour humiliant que vous avez daigné faire sur la terre des pécheurs, vous qui êtes le Fils unique du Père, plein de grâce et de vérité, vous avez opéré plusieurs mystères, vous êtes entré en divers états. Mais entre tant de mystères et d'états, qui demandent toute notre adoration et notre amour, celui dans lequel nous devons vous adorer et vous aimer davantage, celui qui demande de nous une plus grande reconnaissance, celui qui a plus de puissance sur nos cœurs pour les porter à vous, celui qui est le plus efficace et qui a de plus fortes et de plus douces influences de grâce et d'amour, c'est l'état et le mystère de votre croix et de votre mort , dans lequel comme dans le dernier de tous ceux de votre vie, vous avez voulu faire éclater les marques les plus sensibles de votre charité, et les effets les plus surprenants de votre miséricorde.

Aussi êtes-vous venu en terre, principalement pour accomplir ce mystère, pour lequel vous vous êtes offert à Dieu votre Père dès le moment de votre incarnation ; et votre Eglise, conduite par ce même Esprit qui vous a fait faire cette oblation , nous propose dans son symbole votre mort immédiatement après votre naissance, passant sous silence tous vos autres mystères , pour venir à celui de votre croix et de votre passion : comme si vous n'étiez venu au monde que pour souffrir et pour mourir sur la croix où cette Eglise, comme une nouvelle Eve, est formée de votre sang, et tirée de votre côté comme de celui du nouvel Adam.

En effet votre vie, Seigneur, n'est que croix et que souffrances, et vous ne cessez de souffrir qu'en cessant de vivre : et comme tous vos mystères sont renfermés dans votre croix, c'est aussi à la connaissance de votre croix et de vos souffrances, que se doit terminer toute la science de vos véritables disciples. C'est dans cette vue sans doute qu'un de vos plus grands apôtres fait profession de n'avoir point d'autre science que celle de votre croix; et qu'il publie hautement qu'il ne sait autre chose que Jésus crucifié. C'est en votre croix qu'il se glorifie; c'est à votre croix qu'il est lui-même attaché avec vous; c'est dans votre croix et dans votre mort sur la croix qu'il trouve la source de la vraie vie; et il n'y a rien qu'il prêche avec plus de force, et qu'il persuade plus puissamment que l'adoration, la reconnaissance, l'amour et l'imitation de vos saintes souffrances. C'est par elles, en effet, que vous nous enfantez à Dieu sur le lit de la croix; c'est par elles que vous nous réconciliez à notre Père céleste : comme l'unique Médiateur entre Dieu et les hommes, par votre sang, et par elles enfin vous nous rachetez et nous délivrez d'une misérable servitude, pour nous rendre heureusement vos esclaves, et nous faire être à vous comme à notre libérateur.

Ce n'est pas seulement par cette croix que

vous nous rachetez, et que vous acquérez le droit de nous rendre vos esclaves, c'est encore par elle-même que vous nous attirez tous à cette aimable servitude; car lorsqu'un jour vous parliez vous-même aux Juifs de cet état, vous leur enseigniez que quand on vous aurait élevé de la terre par le moyen de la croix, vous attireriez tout à vous (Jean XII, 32); tant vous êtes puissant, même dans l'état de votre plus grande impuissance; tant cet état cache de force dans l'infirmité, et a d'efficace dans sa faiblesse. De sorte que nous pouvons bien dire avec votre apôtre : *Que ce qui paraît en Dieu une faiblesse, est plus fort que ce que les hommes ont de plus fort.*

En effet, avant que ce mystère fût accompli, vous avez peu converti de pécheurs, et vous n'avez pas attiré beaucoup d'âmes à vous. Vous prêchiez indifféremment à tous les vérités de votre Evangile; vous annonciez à tous les voies de Dieu et le chemin du salut. Mais, hélas! qu'il y en avait peu qui soumissent leurs cœurs à votre céleste doctrine, qui voulussent porter votre sacré joug, et qui entrassent dans vos maximes et dans vos voies. Vos maximes, Seigneur, leur paraissaient déraisonnables, votre doctrine trop dure, vos voies trop étroites, et votre joug insupportable ; mais depuis ce mystère, vous avez été, selon votre parole même, comme le grain de froment , qui, étant mort dans la terre, rapporte cent pour un (Jean XII, 24): et on ne peut vous regarder avec foi en cet état, sans être pénétré de sentiments d'amour et de reconnaissance, ni sans être embrasé du désir de vous honorer , de vous imiter et de vous suivre.

S'il m'est permis d'en rechercher la raison, et de la rechercher en vous-même, qui êtes la raison éternelle de votre Père, je trouve dans vos livres sacrés, et j'apprends de ceux qui nous les ont expliqués de votre part, que la cause de cette différence est que vos maximes ne paraissent déraisonnables qu'à ceux dont le péché a corrompu la raison ; que votre doctrine n'est dure qu'à ceux qui ont le cœur dur ; ni vos voies étroites qu'à ceux à qui la cupidité a resserré le cœur pour les choses du ciel ; ni votre joug insupportable qu'à ceux que votre grâce ne porte point eux-mêmes. Mais c'est le propre de votre grâce, ô Jésus! de redresser et d'éclairer la raison de l'homme, d'amollir, d'étendre et d'élargir son cœur, et de lui faire porter votre joug aimable en le lui faisant aimer, et en le portant vous-même en lui par votre Esprit; et cette grâce est l'effet de votre mort et le fruit de votre croix.

Car j'apprends de votre bouche même, Seigneur, que c'est par cet état de vos souffrances, et par le mystère de votre mort que vous guérissez nos âmes de leurs maladies et de leurs langueurs. C'est pour cela que vous vous comparez vous-même au serpent d'airain que Moïse avait fait élever dans le désert. Ce serpent n'avait que la ressemblance des véritables serpents, et vous n'avez aussi, ô Jésus! que la ressemblance de la chair du péché sur la croix. Et comme en regardant le serpent d'airain élevé, on était guéri des blessures des vrais serpents; de même en vous contemplant avec une foi vive, élevé sur la croix où vous portez la ressemblance et la peine du péché, nous sommes guéris des plaies mortelles du péché, nous y trouvons une nouvelle vie, et nous y prenons des forces qui nous font courir avec courage après l'odeur de vos parfums ; nous y sommes brûlés du désir de vous adorer dans vos humiliations, de vous imiter dans vos souffrances et votre croix, et de vous rendre autant que nous le pouvons, en vous consacrant notre vie, la vie que vous avez donnée pour nous le dernier jour de votre servitude sur la terre.

Que j'aie le bonheur d'avoir part à cet attrait divin, et que je vous dise du cœur, ô mon Dieu ! avec une sainte âme : *Trahe me post te* : *Tirez-moi à vous* ; approchez-moi de votre croix, portez-moi sur le Calvaire pour vous y adorer dans vos opprobres, pour y admirer l'excès de votre amour, pour y apprendre la théologie chrétienne que vous nous y enseignez, afin que je me forme sur vous en cet état où vous êtes mon modèle, et que je me donne à vous, pendant que vous vous donnez si parfaitement pour moi.

II

Que ce mystère est grand, qu'il est profond, qu'il est élevé au-dessus de nos esprits!
Il est ineffable aux anges mêmes, et incompréhensible à tous les esprits créés, et il n'y
en a point, Seigneur, qui, en suivant sa
propre lumière, n'eût jugé ce mystère indigne de votre grandeur, si vous l'eussiez,
pour ainsi dire, consulté avant que de l'accomplir; car qui aurait jamais cru le pouvoir ou voir de ses yeux, ou entendre de ses
oreilles? Et quel esprit des hommes ou des
anges en aurait pu concevoir la pensée? Je
puis donc avec raison appeler ce mystère
un mystère caché, mystère que nous n'eussions jamais pu croire ni comprendre sans
une lumière divine et une révélation ex-
presse. Aussi votre apôtre, qui n'est jamais
si éloquent que quand il parle de la croix,
nous fait assez connaître combien ce mystère
est au-dessus de l'esprit humain lorsqu'il
nous dit que Jésus-Christ *crucifié est un
scandale aux Juifs et une folie aux Gentils,* lesquels ne regardant cet objet que des

yeux de la raison naturelle, et ne s'adressant pas au Père des lumières pour en être éclairés dans leurs ténèbres, étaient bien éloignés de pouvoir comprendre qu'un Dieu pût s'abaisser jusqu'à la souffrance et jusqu'à la mort de la croix, pour y être *notre force, notre sagesse, notre justice, notre sanctification et notre rédemption.* Oh! que ce mystère est grand, qu'il est caché, qu'il est incompréhensible!

Je sais bien, ô Jésus! que vous aviez dessein de racheter mon âme captive, et de la tirer de la misérable servitude où elle était; mais si vous me permettez de vous parler, quoique je ne sois que poudre et que cendre, ne pouviez-vous pas prendre une voie de rédemption plus douce et plus facile? Votre personne est d'une dignité infinie, et rien ne sort de vous qui ne tienne de l'infini. Une seule de vos actions n'aurait-elle donc pas été suffisante pour racheter le monde, puisque le mérite en est infini plus que ne le sont mes péchés? Et vous aviez déjà fait un si grand nombre d'actions toutes saintes, toutes dignes d'être reçues de votre Père comme un sacrifice propitiatoire pour les péchés du monde. N'aurait-ce pas été assez pour mon salut qu'une seule de vos larmes? Et vous en aviez déjà répandu avec tant d'abondance. Une seule de vos prières adressées à votre Père éternel, n'aurait-elle pas suffisamment satisfait à sa justice? Et combien de prières et de gémissements vous lui aviez déjà offerts! Je vois, en lisant vos Ecritures, que vous avez créé le monde si facilement, et par votre seul commandement; vous avez dit une seule parole et il a été fait. Pourquoi donc ne voulez-vous pas réparer le monde avec la même facilité que vous l'avez créé? Pourquoi faut-il plus d'application et de plus grands efforts pour renouveler mon âme que pour créer tout un monde?

Un centenier gentil, mais plein de foi, vous disait un jour, ô Jésus! pendant votre vie sur la terre, en vous demandant la guérison d'un de ses serviteurs: *Seigneur, dites seulement une parole, et mon serviteur sera guéri* (Matt. VIII, 8). Dois-je avoir maintenant moins de foi et moins de confiance en vous que ce gentil? Et ne puis-je pas, en me servant des paroles dont il s'est servi pour demander la guérison corporelle de son serviteur, m'adresser à vous, dire à son imitation, et dans la disposition que vous avez si hautement louée en lui : *Dites, Seigneur, une parole, et votre serviteur sera guéri.* Ou si vous voulez que comme un enfant de votre Eglise, j'emprunte d'elle ces paroles, je vous dirai sur ce sujet, et pour le moins avec autant de raison qu'elle vous dit en une autre occasion : *Seigneur, je ne suis pas digne ; mais dites seulement une parole, mon âme sera guérie.* Car qui suis-je, Seigneur, pour mériter que vous enduriez pour moi de si cruels tourments? Pourquoi tant de peines et tant de travaux pour sauver un pécheur si indigne? Faites-moi seulement cette miséricorde de dire une parole, et cela suffira pour guérir mon âme, toute malade et languissante qu'elle est. Pourquoi livrer aux supplices et condamner à la mort le juste pour le pécheur, l'innocent pour le criminel, le saint pour l'impie, et ce qui surpasse les pensées des hommes et des anges, Dieu pour l'homme, le fils pour le serviteur et l'esclave, et le Créateur pour la créature?

Mais, ô Jésus! que les pensées de votre Père éternel sur vous sont différentes des nôtres, et que ses desseins sont élevés au-dessus de notre esprit. Car il a résolu et ordonné, et vous avez résolu et ordonné avec lui de vous abaisser jusqu'à la souffrance, de vous humilier jusqu'à la croix, de vous anéantir jusqu'à l'état de la mort. Si bien que contemplant avec votre grand apôtre ces desseins et ces pensées, je ne puis faire autre chose que d'admirer et m'écrier avec lui : *O profondeur des trésors de la sagesse et de la science de Dieu ! Que ses jugements sont impénétrables, et ses voies incompréhensibles !* (Rom. XI, 33.) Car comment eût-on jamais pu croire que Dieu eût connu de telles pensées? et qui eût pu s'imaginer qu'il eût pris ces desseins dans le secret de ses conseils, puisque quand ils ont été annoncés au monde après leur accomplissement, ils ont trouvé si peu de créance et tant de contradiction dans les esprits; quoique Dieu coopérât avec ceux qui prêchaient ce mystère, et confirmât leur parole par tant de miracles et de prodiges? De sorte qu'un grand prophète voyant ces desseins de Dieu dans sa lumière, et prévoyant l'incrédulité des hommes à leur égard, s'adresse à lui-même en s'écriant en la personne des apôtres : *Seigneur, qui a cru ce qu'il nous a ouï prêcher?* (Isaïe LIII, 1.) En effet (ce qui est bien remarquable) c'est sur le sujet de vos douleurs, ô Jésus souffrant! qu'il dit cette parole ; et c'est comme l'exorde dont il se sert pour commencer ensuite non tant la prédication que le narré de vos souffrances, et l'histoire terrible de votre mort.

Aussi est-ce, autant que je le puis concevoir, le plus grand et le plus profond des desseins de Dieu sur vous, mon Sauveur; car celui qui est admirable en ses pensées sur les enfants des hommes, et particulièrement sur ses saints, s'est montré encore bien plus admirable dans sa conduite sur vous, qui portez la qualité de Fils de l'Homme, et de Saint des Saints. Dieu se peint toujours lui-même, pour ainsi dire, dans ses créatures, toutes ses œuvres portant le caractère et les traits

de ses perfections divines ; mais vous, ô Jésus! qui êtes son chef-d'œuvre, vous êtes
aussi sa plus noble et sa plus vive image, et il
se représente en vous d'une manière incom-
parablement plus claire et plus digne de
vous. Comme donc il y a en Dieu unité de
nature et trinité des personnes, il semble
avoir voulu marquer et honorer l'une et
l'autre en votre personne divine, en accom-
plissant dans l'unité de cette personne une
trinité de mystères d'une dignité infinie, et
qui sont l'effet de trois différents conseils de
la Trinité sainte sur le salut du monde. Ces
mystères sont votre incarnation, votre enfance et votre croix. Trinité de conseils remarquable, puisque ces mystères pouvaient
être l'un sans l'autre, et que vous pouviez
vous faire homme sans être enfant, ou être
homme et enfant sans vous rendre homme
de douleurs et une victime destinée à la
mort.

Mais dans cette trinité des desseins de
Dieu, le dernier me paraît le plus admirable.
Il est vrai que par le premier vous abaissez,
ô Jésus. votre divinité, en la couvrant du

voile d'une chair mortelle ; et que, par le second, vous cachez votre puissance et votre
sagesse dans la faiblesse véritable de l'enfance ; mais par le troisième vous abaissez
votre divinité et votre humanité tout ensemble, vous cachez votre puissance et votre sagesse et généralement toutes vos grandeurs
adorables, pour ne faire paraître et éclater
que votre bonté et votre miséricorde. Avec
quel étonnement donc ne dois-je pas m'é-
crier vers vous, en vous considérant dans ces
opprobres et dans ces douleurs : *Pretiosa
fuit anima mea in oculis tuis hodie.* (Aujourd'hui ma vie vous a été précieuse. 1 Rois,
XXVI, 21.) O Jésus ! vous me faites bien connaître aujourd'hui que mon âme vous a été
chère et précieuse, puisque non-seulement
vous vous êtes fait homme et enfant pour elle;
mais que vous avez encore voulu souffrir et
mourir pour opérer son salut. Et ce que cette
âme misérable vous coûte d'opprobres et de
souffrances, fait voir que vous avez pour elle
plus d'application et plus d'estime que pour le
monde entier qui ne vous a jamais coûté
qu'une seule parole.

J'avais déjà bien compris en quelque manière, par l'histoire de la création du monde, la bonté particulière que vous aviez pour cette âm e ; et en vous considérant appliqué à former l'homme, je concevais bien qu'il vous était plus cher que tout le reste des créatures, car vous les avez créées toutes par une seule parole, au lieu que quand vous venez à former l'homme, vous y employez votre parole et vos mains et votre souffle. Et il me semble apercevoir en cela quelque chose de ce que vous vouliez faire un jour pour lui, en prenant sa nature, afin de lui enseigner de votre propre bouche les voies du ciel; employant vos mains et vos membres à l'œuvre de son salut, et faisant comme passer votre esprit de votre sein dans son cœur, lorsque vous expirâtes sur la croix. Mais ce que j'entrevoyais seulement dans ces ombres et dans ces figures, je le vois maintenant à découvert, et l'accomplissement de ce dessein incompréhensible et adorable de votre sagesse, me fait connaître clairement l'excès de votre charité pour moi.

III

C'est ce dessein, ô Jésus ! que vous regardez lorsque vous êtes prêt de faire le premier pas pour aller à la passion et à la mort ; car vous sortez du cénacle de Sion, en proférant ces paroles en présence de vos apôtres : *Afin que le monde connaisse que j'aime mon Père, et que je fais ce que mon Père m'a ordonné : levez-vous, sortons d'ici et avançons.* Paroles que je recueille et que je reçois avec un profond respect de votre bouche sacrée, comme nous découvrant les pensées et les dispositions qui remplissaient votre sainte âme dans le moment où vous alliez commencer le dernier des mystères de votre vie passible et mortelle. Faites-moi la grâce, ô Jésus ! d'entrer dans ces pensées et d'honorer ces dispositions, et que je vous regarde de toute l'attention de ma foi, contemplant vous-même votre Père et sa volonté adorable dans l'accomplissement du plus grand de ses desseins sur vous.

Vous considérez donc celui qui est votre Dieu et votre Père, dans le dessein qu'il a sur vos souffrances ; vous l'adorez avec une humilité profonde ; vous l'aimez d'une charité infinie : et vous vous donnez à lui, pour porter avec une obéissance parfaite tout ce que son conseil adorable a ordonné sur vous. C'est ce qui remplit maintenant votre cœur, et occupe uniquement votre esprit : et c'est en ces saintes pensées, et avec cette disposition que vous sortez accompagné de vos disciples, pour vous rendre au lieu qui est marqué pour le commencement de vos souffrances.

Trouvez bon, ô Jésus! que je vous demande en esprit d'humilité et de piété, d'où vient, mon Sauveur, qu'au jardin des Oliviers vous entrez dans une appréhension si grande et si vive, et que vous demandez avec tant d'ardeur que Dieu éloigne de vous la passion que vous avez toujours désirée. Si je comprends bien vos mystères et vos pensées, il me semble que vous vous regardez comme chargé de tous les péchés du monde, et que vous envisagez la justice de Dieu, qui est sur le point de fondre sur vous, pour les punir en votre personne, et j'avoue qu'il n'y a rien qui me fasse mieux comprendre cette parole de votre apôtre : *C'est une chose terrible que de tomber entre les mains du Dieu vivant* (Héb. X, 31), que la peine et la tristesse où je vous vois réduit, lorsque vous considérez que bientôt vous devez tomber entre les mains de celui qui ne vous traitera pas comme un Père plein de douceur, mais comme un Dieu vivant, comme un Dieu vengeur, comme un Dieu irrité, et qui veut épuiser sur vous tous les traits de sa colère et de sa fureur pour punir et détruire le péché dont vous vous êtes chargé.

C'est donc dans la vue de sa justice et de sa colère, dont tous les flots sont prêts de tomber sur vous, que vous lui dites : *Que ce calice s'éloigne de moi.* Votre demande pourtant n'est pas absolue ; car par la charité que vous avez pour moi, vous y ajoutez aussitôt cette condition : *Mais néanmoins, que votre volonté s'accomplisse, et non pas la mienne.* (Matth. XXVI, 39.) Parole grande ! Parole adorable ! Parole de salut ! Elle renferme en effet le salut du monde ; car *c'est cette volonté de Dieu votre*

Père qui nous a sanctifiés par l'oblation de votre corps (Héb. X, 10); et c'est le seul désir que vous avez de faire cette volonté sainte qu'il considère maintenant en vous. Il n'écoute point la première partie de votre prière qui regarde vos intérêts ; et il ne vous a exaucé que dans la dernière qui regarde les intérêts de mon salut. Ainsi il vous oublie en quelque façon pour se souvenir de moi, et il vous traite selon sa justice, pour exercer sur moi ses miséricordes.

Il me semble, ô mon Sauveur! que dans la vue de cette conduite de Dieu sur vous, toute créature devrait s'oublier elle-même pour vous, et prier le Père qu'il pense à vous, qui êtes son Fils bien-aimé, plutôt qu'à nous qui ne sommes que de misérables esclaves, et des esclaves du péché; mais puisque vous dites si courageusement cette parole : *Que votre volonté s'accomplisse*, et que par cette parole vous vous abandonnez à toutes les rigueurs de sa justice, il faut que nous consentions tous à une résignation et à une soumission si parfaite, et que nous ne nous opposions point à l'exécution de la volonté de Dieu sur vous, et à l'honneur qu'il veut se faire rendre par le sacrifice de votre mort.

Tout ce que je puis donc faire, ô mon Rédempteur! pour vous honorer et vous imiter, c'est de vous dire aussi pour tout ce qui me regarde: *Fiat voluntas tua* : Que toutes vos volontés soient accomplies en moi. Et je désire en effet m'abandonner entre les mains d'un Dieu souffrant, qui, pour l'amour de moi, s'est jeté entre les mains d'un Dieu vivant, et exécutant sur lui l'arrêt éternel de sa justice.

Je vois bien que celui qui vous regarde, ô Israël de Dieu! veille toujours sur vous, et j'apprends de votre fidèle évangéliste qu'il vous envoie un ange pour vous consoler de sa part et en son nom; mais c'est cela même qui me surprend, que ce Père qui vous aime et vous aime comme son Fils unique, emploie le ministère d'une créature pour vous consoler, et semble ne pas daigner s'appliquer à vous secourir par lui-même, lorsqu'il s'applique par lui-même à vous faire souffrir et à vous affliger. Quoi? la voix d'un ange pour consoler celui qui est le Verbe de Dieu ! La main d'une créature pour soutenir celui sur qui Dieu même appesantit sa main ! Une consolation si faible dans une affliction si extrême ! Vous êtes son Fils, et pourquoi donc ne vient-il pas lui-même, comme votre Père, vous fortifier et vous consoler ? C'est que cette qualité est à présent cachée, afin que celle de Dieu et de Seigneur paraisse ; et il vous traite comme fils de l'homme, et non pas comme Fils de Dieu. Vous consentez volontiers à ce traitement, en vous regardant comme un d'entre les hommes ; ce qui vous rend pour un peu de temps inférieur aux anges. (Ps. VIII, 6 ; Héb. II, 7.) Vous adorez Dieu comme votre Seigneur, vous considérez cet ange comme envoyé de sa part, et vous recevez, avec humilité et avec reconnaissance, cette consolation et ce secours qu'il vous envoie de son sanctuaire par le ministère d'un ange.

Que j'apprenne, ô Jésus ! de votre exemple, à ne vouloir pas être consolé à ma manière et selon mes inclinations, lorsqu'il vous plaira me faire part de vos souffrances et de vos tristesses; mais que je reçoive toujours avec une égale soumission à votre volonté et à vos ordres, sans choix, sans discernement, sans réflexions, les afflictions dont vous voudrez m'exercer et me purifier dans cette vie, et les moyens dont vous voudrez vous servir pour me consoler. Que je sois fidèle à reconnaître toujours votre main et dans ceux qui m'humilieront, et dans ceux qui me soutiendront de votre part; comme vous reconnaissez vous-même celle de votre Père dans l'Ange qui vient à votre secours en son nom.

Ce secours et cette consolation, ô Jésus! ne font pas cesser vos douleurs; au contraire elles s'augmentent visiblement; et il semble que vous souffriez une violence nouvelle, car vous tombez dans une agonie mortelle : *Factus in agoniâ*, comme si la consolation de l'ange ne vous avait servi de rien.

Ce que vous devez souffrir par rapport à votre corps, et par la violence des hommes, vous ne le souffrirez que successivement; au lieu que vous souffrez tout d'un coup dans ce moment toutes les ignominies, tous les opprobres, toutes les humiliations, tous les tourments et toutes les circonstances qui se doivent succéder les unes aux autres dans tout le cours de votre passion, par la vue que Dieu vous en donne, et par l'impression qu'il en fait lui seul, indépendamment du corps, dans votre âme sainte et divine; et plus encore par la vue des péchés et de toutes les iniquités du monde, qui déshonorent Dieu, et qui sont la cause de vos souffrances.

Et cette vue du péché et de l'opposition du péché à Dieu, et de Dieu au péché, vous fait d'autant plus souffrir, que vous seul avez une connaissance parfaite de l'un et l'autre ; et que vous aimez Dieu d'un amour infini ; étant vous-même Dieu selon l'une de vos natures, et ayant la plénitude de son esprit d'amour, selon la nature que vous avez prise pour souffrir. Enfin vous souffrez dans ce moment de votre agonie selon la capacité de votre âme, que nul homme ne peut comprendre, et selon la puissance de Dieu même sur votre âme : puissance qui est aussi infinie que Dieu même.

IV

Ils commencent, ô Jésus! par vous tirer de ce jardin où vous venez de répandre vos prières, votre sang et votre âme, en la présence de votre Père, pour vous traîner avec toutes sortes d'ignominies dans Jérusalem, qui doit être le théâtre de vos souffrances, et le lieu de votre sacrifice. Qui pourrait dire l'inhumanité qu'ils exercèrent sur vous en cette occasion, les insultes sacriléges qu'ils vous firent durant ce triste voyage, les clameurs et les huées qu'ils firent retentir de toutes parts pour publier la prise qu'ils avaient faite, et le triomphe impie avec lequel ils vous firent entrer dans cette ville malheureuse? Il n'y a que quatre ou cinq jours que vous y fîtes une autre entrée. Mais, hélas! quelle différence de l'une à l'autre.

Vous y vîntes alors comme un roi et un libérateur, et vous y êtes traîné aujourd'hui dans les liens et dans les chaînes. Vous étiez accompagné de vos disciples, et ils viennent de vous abandonner entre les mains des soldats. Vous ne reçûtes alors que des bénédictions et des louanges ; et vous êtes maintenant chargé d'injures et d'opprobres. Vous étiez environné de palmes, et je ne vois à l'entour de vous que des armes et des instruments de fureur. Enfin, vous triomphiez pour lors au milieu et dans la joie de votre peuple, et ce peuple aujourd'hui, par un changement surprenant, triomphe de vous.

Cela ne peut être sans mystère, car tout ce qui se passe en vous, mon Sauveur, est mystérieux et mérite l'attention, le respect et les hommages des hommes. Vous n'entrez donc en Jérusalem lié et garrotté de cette manière, que parce que vous y entrez comme une victime qui va être immolée à Dieu, et qui va accomplir les figures de tant d'hosties qui ont été conduites autrefois au Temple, pour y être offertes en sacrifice. Vous êtes seul et abandonné même de vos disciples, pour nous montrer que vous êtes la seule victime véritable, capable seule d'effacer les péchés du monde. Vous êtes accablé d'outrages, parce que vous êtes chargé de nos péchés que vous portez sur vous à la croix pour les y faire mourir avec vous ; et ces instruments de jus-

tice et de mort, au milieu desquels vous marchez, nous apprennent que vous allez souffrir
la mort que nous méritons ; que Dieu vous
frappe au lieu de nous punir, et que vous
allez consommer l'ouvrage de notre réconciliation avec votre Père, en recevant sur
vous tous les traits de sa juste fureur.

V

Pilate vous mène dehors, et vous montrant
au peuple, il lui dit : *Ecce Homo.* Voici
l'Homme. (Jean XIX, 5.) Vous êtes tellement
couvert de plaies et de sang, que vous n'a-
vez presque plus la figure d'homme, et qu'en
vous présentant à eux, il semble être obligé
de les avertir que vous êtes cet homme qu'ils
ont mis entre ses mains. Cependant cette vue
qui devait fendre leurs cœurs, ne les amollit
pas ; au contraire, aussitôt qu'ils vous voient,
ils se mettent à crier plus fort que jamais
qu'on vous crucifie : *Crucifige, crucifige
eum* ; ne pouvant être contents tant que vous
aurez encore un souffle de vie.

En ce déplorable état, vous êtes fait avant

vos apôtres un spectacle aux hommes et au monde par l'invention de ce juge. Mais vous vous rendez vous-même un spectacle à Dieu et à ses anges, en vous offrant sur la terre, à la vue de tout le ciel, au Père éternel, et lui disant en esprit de sacrifice cette parole : *Ecce Homo.* O mon Père et mon Dieu ! voilà l'Homme.

Je m'unis à vous, ô Jésus ! et en vous offrant avec vous-même à Dieu votre Père, je lui dis dans le même esprit que vous : O Père éternel ! voilà l'Homme que vous nous avez donné. Voilà l'Homme qui est le nouvel Homme. Voilà l'Homme qui a racheté les hommes. Voilà l'Homme que vous avez frappé dans votre colère. Voilà l'Homme le plus affligé d'entre les hommes. Votre justice n'est-elle pas satisfaite de ses douleurs? Votre vengeance n'est-elle pas apaisée par ses souffrances? Lui reste-t-il encore quelque chose à souffrir? *Respice in faciem Christi tui* : Jetez, s'il vous plaît, les yeux sur cet homme, et vous verrez qu'il n'y a pas un endroit dans tout son corps qui n'ait souffert son tourment, et que depuis les pieds jusqu'à

la tête, il est tout couvert de plaies : *A plan-*
tâ pedis usque ad verticem non est sanitas
in eo. Mais, ô Justice divine, ô sévérité d'un
Dieu irrité! Le Père éternel n'est point encore content. Il vous veut voir, mon Sauveur,
sur la croix, et ce que les Juifs demandent
par impiété et par envie contre vous, votre
Père l'ordonne par justice, par sainteté et
par charité envers nous.

Il est vrai que Pilate ne trouve rien dans
Jésus qui mérite la mort, comme il le témoi-
gne encore de nouveau aux Juifs. Et en effet
il n'y pourra jamais rien trouver; car il
cherche en lui des crimes qui lui soient propres, et il est impeccable. Mais la justice de
Dieu trouve des péchés dans celui-là même
qui est impeccable, parce qu'il a mis les iniquités de nous tous sur son Fils, et elle en
poursuivra la punition jusqu'à sa mort.

Et vous-même, ô Jésus! vous vous regardez comme un criminel universel, jugé et
condamné par votre Père, pour les iniquités
de nous tous. Vous n'avez pas envers Dieu
qui vous juge la disposition particulière
d'un homme coupable, puisque vous ne l'êtes

point ; mais vous avez généralement toutes les dispositions que devaient avoir tous les pécheurs de tous les siècles , redevables à la justice divine , ou plutôt vous avez une disposition admirable, qui, dans sa singularité et dans son éminence, contient parfaitement et plus dignement toutes nos dispositions particulières, puisque le Père vous livre à la mort pour nous , et que vous tenez devant lui la place de tous les enfants d'Adam, chargés de péchés et de crimes. M'unissant donc à vous dans l'état et dans la disposition d'un criminel qui reçoit la sentence de mort pour nous, je reçois en vous et avec vous, de la part de Dieu qui est aussi mon Juge, la sentence de ma mort.

VI

Pendant donc que les bourreaux vous tiennent attaché et élevé sur ce bois infâme à leurs yeux, et que les impies satisfont leur haine et leur cruauté par la vue d'un si étrange spectacle, ouvrez, s'il vous plaît, Seigneur, les yeux de ma foi, et faites-moi la grâce de regarder ce mystère avec religion, et d'entrer dans la profondeur de la science salutaire de votre croix.

Il est bien juste, Seigneur, que j'élève mes yeux et mon cœur vers vous pendant que vous êtes ainsi élevé sur la croix pour l'amour de moi. Oui, je désire que tous mes regards, tous mes désirs, et tous les mouvements de mon âme se portent vers vous, et ne soient appliqués qu'à vous.

Mais entre tant de choses qui se passent sur votre personne divine, que voulez-vous que je regarde, que voulez-vous que je contemple avec plus d'attention? Le prophète de votre passion vous voyant en cet état, vous appelle l'Homme de douleurs, parce qu'en effet vous n'êtes qu'un composé de douleurs et de souffrances. Je vous adore donc comme l'Homme de douleurs sur cette croix, réservant à un autre temps de vous adorer comme l'Homme et le Dieu de majesté. J'étais l'homme de péché; car j'en étais tout couvert, tout rempli et tout pénétré, et vous avez voulu, pour me laver dans votre sang, être l'homme de douleurs, n'y ayant rien, ni dans votre corps, ni dans votre âme, qui ne souffre son tourment, et qui ne porte sa douleur particulière.

Bénies soyez-vous , ô sacrées plaies de Jésus! d'où découle son sang précieux. J'ai en horreur la cruauté des bourreaux qui les ont faites, mais je vous adore, mon Sauveur, qui avez souffert qu'on vous les fît, et je ne puis que je n'aime le bien que vous en tirez pour votre gloire et pour le salut de mon âme.

Ce sang a une double voix : il parle à Dieu le Père, et il parle à ses créatures. Car si le sang du juste Abel criait vengeance vers Dieu , votre sang, ô Jésus ! crie bien plus fortement , et parle plus avantageusement que celui d'Abel, et à Dieu et aux hommes, en demandant miséricorde ; il parle à Dieu en sollicitant auprès de lui le pardon des pécheurs : et comme David, pour être exaucé de Dieu, arrosait son lit de ses larmes, vous arroserez de votre sang, ô Jésus! le lit de votre croix , pour être exaucé en vos prières.

Ce sang parle aussi à nous, et nous exhorte

de n'en pas laisser perdre une seule goutte, mais d'en faire l'usage que vous désirez de nous. Et comme saint Paul, pour obtenir plus facilement de ses frères ce qu'il demandait d'eux pour leur salut, les conjurait par sa prison, par ses liens et par ses souffrances, ainsi, pour nous porter à ce que vous voulez de nous, vous nous parlez par votre croix et par votre sang; et vos plaies sont autant de bouches d'où sort la voix de ce sang qui nous prêche; nous, dis-je, *qui voyons Jésus-Christ si vivement dépeint devant nous, et comme crucifié à nos yeux*. Pendant que le Père éternel vous exauce, lorsque vous criez vers lui par la voix de ce sang, serons-nous sourds à une voix si puissante? Que je ne sois pas si malheureux; mais, au contraire, que je sois fidèle à profiter de l'effusion d'un sang si précieux. Il me semble que c'est le désir de mon cœur, et la résolution que vous y formez, ô Jésus! Personne ne peut véritablement mourir au péché, ni vivre à Dieu, s'il n'est baptisé en votre mort, et enseveli avec vous par le baptême pour mourir; afin que, comme vous

êtes ressuscité d'entre les morts par la gloire
de votre Père, il marche aussi dans une nouvelle vie. Faites-moi donc, ô Jésus! par votre
mort, mourir entièrement au péché. Mais ne
crucifiez pas seulement, et ne faites pas seulement mourir en moi le vieil homme : qu'a-
près avoir été lavé dans votre sang, rendu
conforme à votre mort, et enseveli avec vous,
je vive aussi en vous, je vive pour vous, je
vive éternellement avec vous, par la vertu et
dans la participation de la gloire de votre
résurrection. Ainsi soit-il.

9 782329 576763